# 知らないと恥をかく世界の大問題14

## 大衝突の時代——加速する分断



池上　彰

角川新書

# 目次

プロローグ　分断がさらに進む世界　11
戦争の長期化は避けられない。分断が進み、新たな大衝突へ？／世界の縄張り争い／世界の宗教／ロシアのウクライナ侵攻。長期化は避けられない情勢に／ロシアは世界で最も危険な国に／ロシアはなぜ北方領土で軍事演習をしたのか／習近平に誰も「ＮＯ」と言えない中国／進化する人工知能（ＡＩ）が世界を混乱へ／激しいインフレに見舞われる世界／世界中が批判、イランの「ヒジャブ問題」／エネルギー危機から原発政策大転換の日本／「ヨーロッパのパンかご」での戦争で飢餓人口が増加／アメリカが機能不全に陥っている？／Z世代が注目されている／デジタルネイティブが世界を変える／国境を越えた水争い／日本の大問題！　その①「台湾有事」はあるのか／日本の大問題！　その②少子化が止まらない
第１章　「左右上下」に分断されたアメリカ　57
アメリカ中間選挙「２０２２」を取材して／アメリカの物価高に驚愕／大盤

振る舞いの新型コロナウイルス対策の悪影響／アメリカの世論調査が当たらないわけ／アメリカ中間選挙の争点となったもの／民主党の踏ん張りのエネルギー源は女性／「トランプの終わりの始まり」が始まった／史上最も弱い下院議長？／トランプ、大統領経験者として初の起訴／民主主義の仕組みが、政治的な分断を生むという皮肉／頭角を現す〝賢いトランプ〟デサンティス／新星デサンティスの弱点／トランプへの捜査、別件でも続く／アメリカにも「忖度」が存在するのか？／共和党のジレンマ、1992年の分裂再び／バイデンも立候補を表明／インフレの種を蒔いたのはトランプ？

**第2章 〝ならず者国家〟ロシアをどうする** 97

「宗教戦争」としてのウクライナ戦争／ロシア正教会はこうして生まれた／ウクライナ正教会は3つに分かれた／ウクライナ西部は「東方典礼カトリック教会」／キエフ公国は滅び、モスクワ公国は大公国に／モスクワは「第3のローマ」キリスト教正教会の総本山に／宗教も文字も、ギリシャから／ウクライナはコサック国家に／ロシアの一方的な片想い？／ロシアの憂鬱／プーチンの悲惨な原体験／ソ連が崩壊し、ロシアが「丸裸」に／NATO解体を遠のかせたユーゴスラビア内戦／セルビア人勢力がNATOに空爆された／戦車につけた「Z」のマークが意味するもの／「冬戦争」の教訓はどこへ／「悪魔と握手」したほうがよかったのか／ロシアの勝利では終われない／民間軍事会社「ワグネル」とは？／「ワグネル」はあの音楽家のロシア語読み／アフリカでもワグネルが悪行三昧／ソ連時代、苦渋の選択をしたロシア正教／プーチン大統領とキリル総主教の蜜月／ゴルバチョフのせいでウクライナを失った／ゴルバチョフの葬儀にプーチンの姿なし／北欧のNATO加盟にトルコが〝嫌がらせ〟／スウェーデンで「コーラン」を燃やすデモ／ドイツでまさかのクーデター未遂事件／戦後のドイツの歩みを真っ向から否定／ここにもロシアが関与？

**第3章　欧米にそっぽを向く中東**　155

イランの代表選手が国歌斉唱を拒否／サポーターも命がけの抗議／イランはこうして反米国家になった／ヒジャブをめぐるイランの対応の変化／ロシア

に接近するイラン／アメリカと距離を置き始めたサウジアラビア／中国とサウジアラビアが急接近／石油取引を人民元決済に？／ドイツ代表「口を覆うポーズ」は何のため／外国人労働者6500人以上が過労死／カタールにアメリカ軍の基地がある理由／「アラブの春」〝唯一の成功例〟チュニジアも

第4章　中国の斜陽、インドの台頭　183

なぜ北朝鮮はミサイルを発射するのか／ソ連の緩衝地帯としてのモンゴル、中国／ロシアは仕方なくいまも北朝鮮を支援／中国で抗議行動「白い紙」の意味すること／中国はなぜ台湾を欲しがる？／「犬去りて、豚来たる」／国連の中国代表権問題／李登輝総統時代に民主化が根付いた／どうなる2024年の台湾総統選挙／中国が建設を請け負ったビルは盗聴器だらけ？／中国61年ぶりに人口が減少／これからの注目国は「インド」／スリランカに救われた日本

## 第5章　激戦の行方、各国の思惑　209

ヨーロッパ各国が過去の「人道に対する罪」を謝罪／オランダ首相、ユダヤ人迫害を謝罪／ウクライナの「ネオナチ」とは何か／ウクライナ戦争は「代理戦争」／人工衛星が変えた21世紀の戦争／「デジタル・ウクライナ」VS「アナログ・ロシア」／ドイツが「レオパルト2」を供与／「コントロール」された戦争／ロシアを非難しているのは世界の4分の1／ロシアの反対でまたも「NPT再検討会議」決裂／2003年、北朝鮮が脱退／核廃絶というゴールは遠く／余裕を失うアメリカ　1強時代の終わり／歴史の転換点に立つ世界

## 第6章　岸田政治は「ショック・ドクトリン」か？　235

衝撃的だった安倍元首相銃撃事件／統一教会とは／かつて社会問題になった原理研究会／旧統一教会のもう1つの「顔」／日本で宗教を弾圧した歴史／政教分離に反するのか／アベノミクスの「負の遺産」／総務省内部文書問

題／総務省の反乱か／『岸田ビジョン』はどこへ？／安全保障政策の大転換／そうだったのか！「敵基地攻撃能力」／原発政策は「逆コース」？／「異次元の少子化対策」と言うが……／フランスのN分N乗方式とは／沖縄基地問題も続く／2022年は沖縄本土復帰50周年／「軟弱地盤」という問題が浮上

**エピローグ　グローバル・サウスの逆襲**　267

2024年はロシア大統領選挙／欧米と足並みを揃えないグローバル・サウス／疫病と戦争で激変した世界／日本は核兵器を持てるのか／報道の自由度ランキング、日本は71位／「宗教」の知識はあったほうがいい／Z世代は「リスク」なのか？／危機の「機」はチャンスの機

**おわりに**　281

**主要参考文献一覧**　284

編集協力／八村晃代
カバー・図版デザイン／國分　陽
イラスト／斉藤重之
撮影／村越将浩
スタイリング（カバー写真）／興津靖江（FELUCA）

# プロローグ　分断がさらに進む世界

# 戦争の長期化は避けられない。
# 分断が進み、新たな大衝突へ？

ロシアのウクライナ侵攻から1年以上たった今、
戦争の長期化は避けられない情勢となっている。
世界ではさまざまな分断が加速し、新たな衝突の火種が生まれつつある。
激変した世界はどこへ向かうのか、日本はどうするべきか？

長期化するウクライナ戦争
ロシアが、2022年2月24日にウクライナに侵攻して1年以上がたつが、ロシア、ウクライナともに簡単には停戦に応じられない事情も。戦争は長期化へ……。この戦争は、宗教戦争の一面もある。
日本
●2022年7月に、安倍晋三元首相の銃撃事件が発生。
●旧統一教会と政治の関係が問題に。
●安全保障政策の大転換と、原発政策の逆戻り。
●少子高齢化が加速。政府は次元の異なる少子化対策を掲げるが……。
●岸田文雄首相が解散、総選挙に打ってでるか？
朝鮮半島
●韓国の尹錫悦大統領のもと、日韓関係は改善の方向か？
●かつてないペースでミサイル発射を繰り返す北朝鮮。
中国
●異例の3期目に突入。習近平への権力集中がさらに強まる。
●習近平の悲願は台湾統一。
●「白い紙」での抗議行動。政権批判の行動に、政治リスクが高まる。
●人口が減少に転じ、成長にも陰りが。
台湾
●懸念される「台湾有事」。米中の対立も激化。
●2024年の台湾総統選挙に注目が集まる。

### アメリカ

- 中間選挙の結果、ねじれ議会に。さらに分断が進む。
- 分断により、“決められない”アメリカが世界のリスクに。
- 2024年の大統領選挙に、現職のジョー・バイデンが名乗り。
- 起訴されるも強気。ドナルド・トランプも大統領選挙立候補へ。
- 大統領選挙の動向が、ウクライナ戦争に大きな影響を与える!?

### ヨーロッパ諸国

- ロシア対NATOの対立が深刻化。ロシアと国境を接する国に新たな動き。
- 北欧のフィンランドとスウェーデンがNATO加盟を申請。トルコが反対するも、フィンランドは正式加盟。
- 戦後ドイツの歴史を否定する一派が、ドイツでクーデター未遂。ヨーロッパにも分断の芽が。

### 中東・アジア

- イランはロシアとの関係を強化。サウジアラビアはアメリカと距離を置く。
- イランとサウジアラビアが急接近。アメリカの影響力が低下する中、中国が中東で存在感を高める。
- カタール・サッカー・ワールドカップの陰で、人権問題がニュースに。
- 「アラブの春」の“唯一の成功例”チュニジアも民主化が頓挫。
- 中国を抜いて人口世界一に躍り出たインドが最注目国へ。

### 人類共通の問題

- ChatGPTをはじめ、進化する人工知能（AI）で世界が混乱!?
- 激しいインフレ、エネルギー危機に見舞われる世界。
- 地球温暖化はさらに深刻に。国境を越えた水争いも。
- 欧米と足並みを揃えぬグローバル・サウス。新たな対立か?

※世界基準ではイギリスが世界地図の中心で語られることが多い。この地図をもとに考えると、アメリカは西、ロシアは東。日本は極東となる。

# 世界の分断で枠組みに変化が!?

先進国だけでは世界の問題は解決しない。
そこで、つくられた21世紀の世界の大きな枠組みが以下。
しかし、ロシアのウクライナ侵攻でその枠組みにも影響が……。

G8だけでは世界の問題を解決することができないと考えた結果、世界の意思をまとめる新しい集まりができた。2023年は9月にインドで開催予定。

かつてのサミット(主要国首脳会議)はこの7カ国で開かれていた。1990年代に入り、ロシアが加わり、G8となったが、ウクライナ・クリミア問題で、2014年のサミットではG8からロシアを除外。2020年はコロナで中止。2023年は5月に日本の広島で開催。

勢いのある新興国の国名の頭文字を取って、BRICsと呼ばれていた。南アフリカを加えて、BRICSとも。

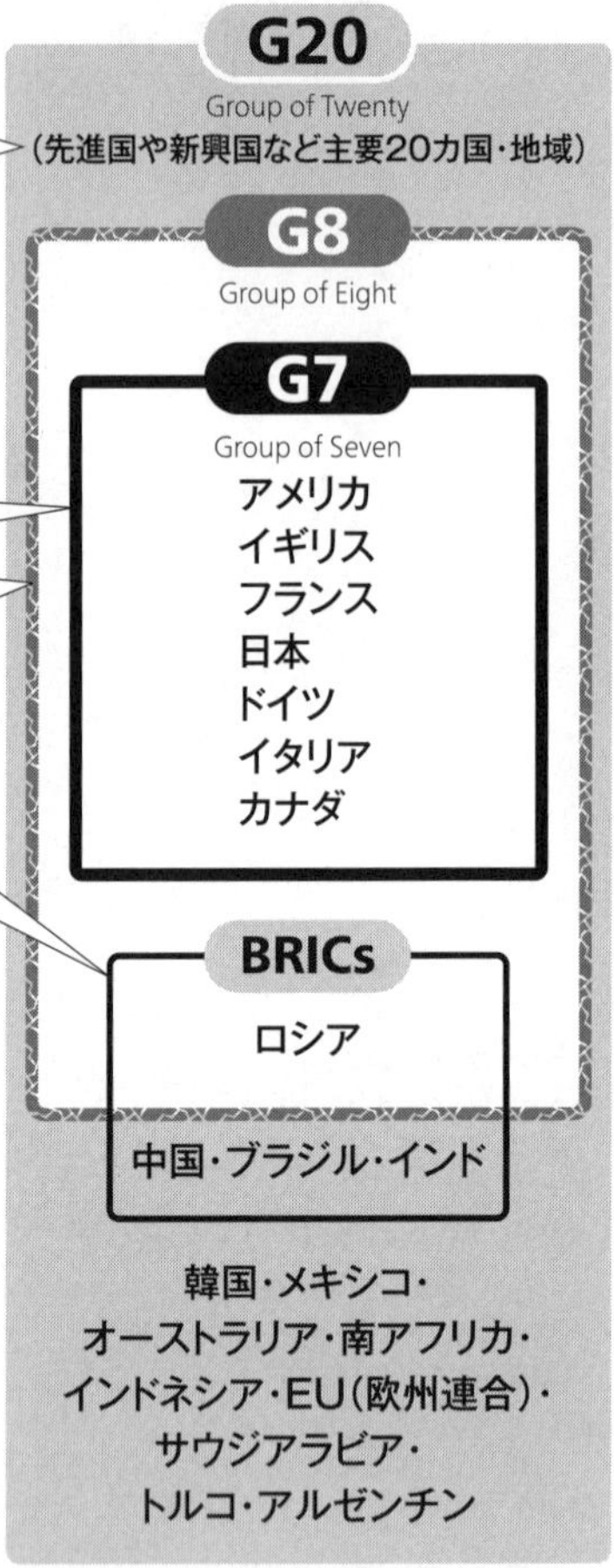
G20
Group of Twenty
(先進国や新興国など主要20カ国・地域)
G8
Group of Eight
G7
Group of Seven
アメリカ
イギリス
フランス
日本
ドイツ
イタリア
カナダ
BRICs
ロシア
中国・ブラジル・インド
韓国・メキシコ・
オーストラリア・南アフリカ・
インドネシア・EU(欧州連合)・
サウジアラビア・
トルコ・アルゼンチン

**MEF**

Major Economies Forum

**主要経済国フォーラム**

エネルギーや気候変動について、世界の主要国で話し合う。「地球温暖化問題」については、1992年の地球サミットで採択された「気候変動枠組条約」の締約国が集まって、COP(Conference of the Parties、締約国会議)を毎年開催。COP21では、パリ協定が採択された。

# 国際社会の調整役・国際連合の役割

グローバル化が進むにつれて、
国同士の問題、世界全体に関わる問題などが増えてきている。
その調整を行うのが国際連合＝国連なのだが……。

## 国際連合

以下の6つの主要機関と、関連機関、専門機関からなる国際組織。

### 経済社会理事会

経済・社会・文化・教育・保健の分野での活動を担当。

### 信託統治理事会

独立していない信託統治地域の自治・独立に向けた手助けを担当（1994年のパラオの独立後、その作業を停止している）。

### 国際司法裁判所

国際的な争い事の調停を担当。

### 総会

2021年7月時点、加盟国は193カ国。この加盟国すべてが参加する会議。各国が1票の表決権を持つ。年に1度、9月に総会が開かれる。

### 事務局

事務局長が、国連事務総長。現在はポルトガル出身のアントニオ・グテーレス（2017年〜）。

### 安全保障理事会（安保理）

国際平和と安全に主要な責任を持つ。15カ国で構成される。

**常任理事国**

アメリカ

ロシア

（1991年12月からロシア。それまではソビエト連邦）

イギリス

フランス

中国

（1971年10月から中華人民共和国。それまでの代表権は中華民国）

**非常任理事国**

10カ国。総会で2年の任期で選ばれる。

日本は2023年1月から非常任理事国に（2年間の任期）。国連加盟国中最多の12回目の選出。

※世界貿易機関（WTO）、国際原子力機関（IAEA）などの関連機関や、国際労働機関（ILO）、国際連合教育科学文化機関（UNESCO）、世界保健機関（WHO）、国際復興開発銀行（世界銀行）、国際通貨基金（IMF）などの専門機関がある。

# アジア太平洋地域を中心とした貿易の主導権争い

太平洋を取り囲む（環太平洋の）国々が、国境を越えて、
モノ、お金、人が自由に行き来できる自由貿易の枠組みを推進している。
その代表が、TPP、RCEP。TPPから離脱したアメリカ、
RCEP交渉から離脱したインド、TPP加盟を認められたイギリス。
各国の動きから目が離せない。

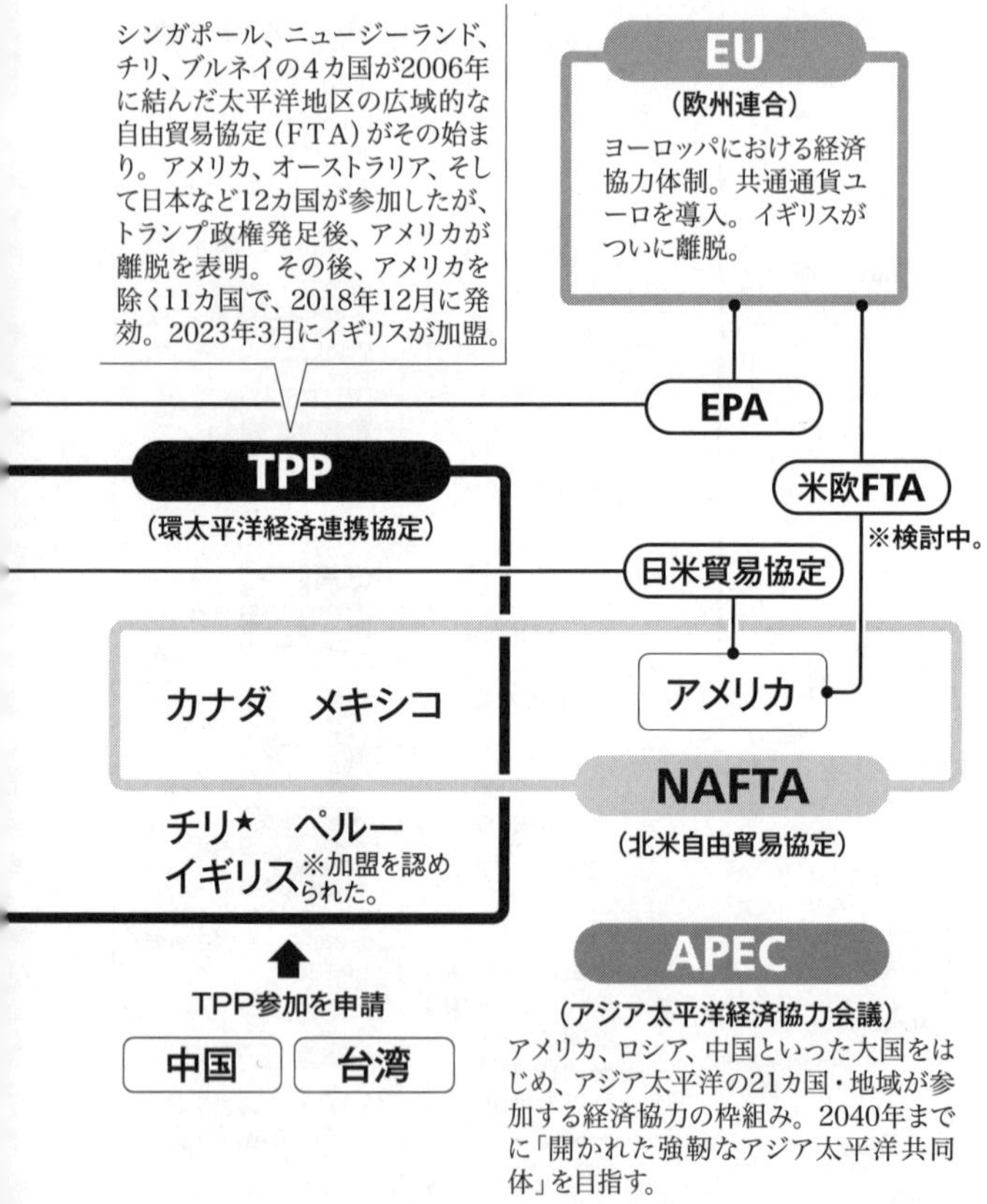
シンガポール、ニュージーランド、チリ、ブルネイの4カ国が2006年に結んだ太平洋地区の広域的な自由貿易協定（FTA）がその始まり。アメリカ、オーストラリア、そして日本など12カ国が参加したが、トランプ政権発足後、アメリカが離脱を表明。その後、アメリカを除く11カ国で、2018年12月に発効。2023年3月にイギリスが加盟。
EU
（欧州連合）
ヨーロッパにおける経済協力体制。共通通貨ユーロを導入。イギリスがついに離脱。
EPA
TPP
（環太平洋経済連携協定）
米欧FTA
※検討中。
日米貿易協定
カナダ　メキシコ
アメリカ
NAFTA
（北米自由貿易協定）
チリ★　ペルー
イギリス※加盟を認められた。
TPP参加を申請
中国
台湾
APEC
（アジア太平洋経済協力会議）
アメリカ、ロシア、中国といった大国をはじめ、アジア太平洋の21カ国・地域が参加する経済協力の枠組み。2040年までに「開かれた強靭なアジア太平洋共同体」を目指す。

**EPA**
FTAをベースに、労働者の移動の自由化などを盛り込んだ決め事。

**FTA**
2つの国または地域間で、関税などの貿易上の障壁を取り除く決め事。

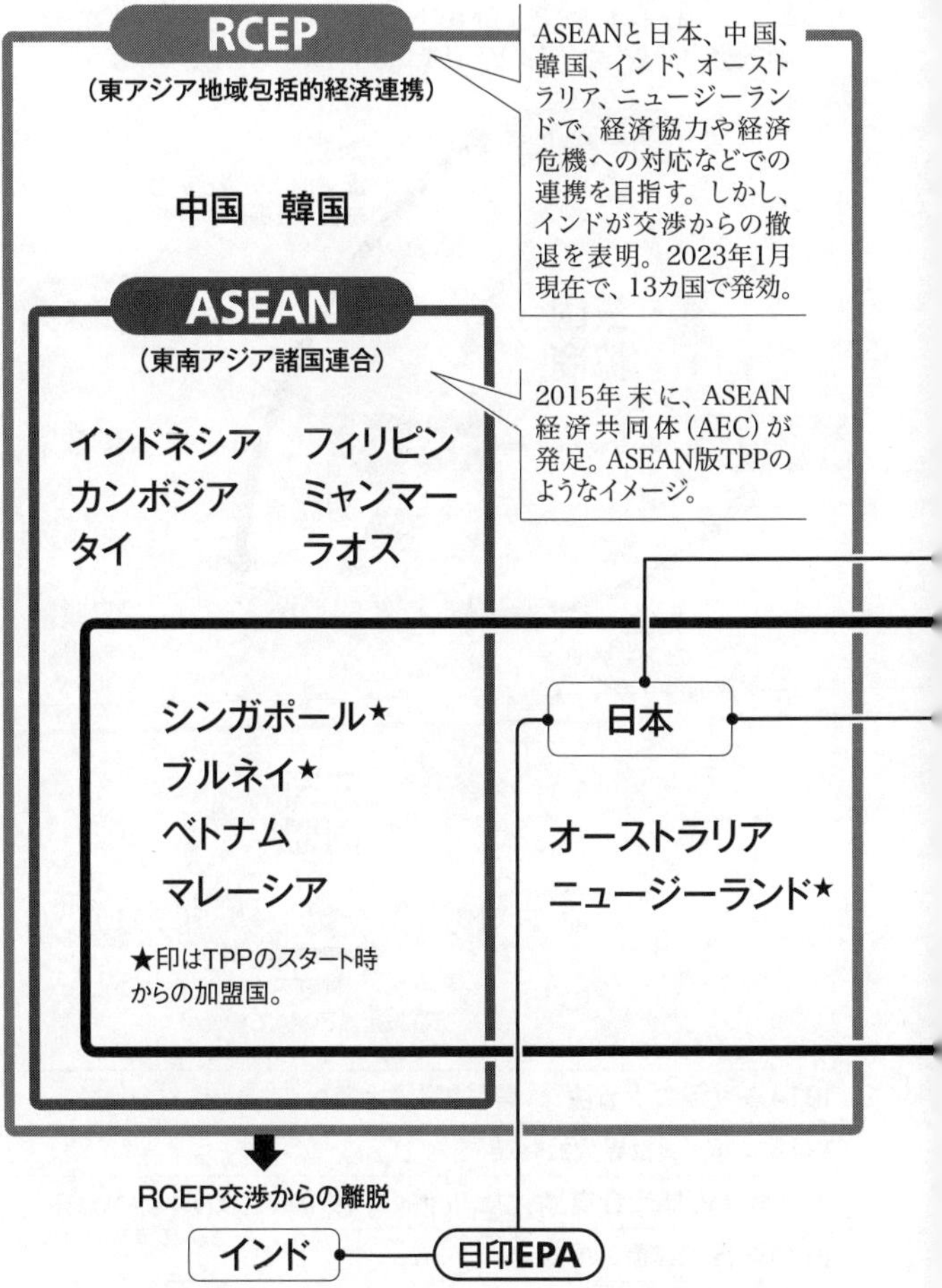
RCEP
（東アジア地域包括的経済連携）
ASEANと日本、中国、韓国、インド、オーストラリア、ニュージーランドで、経済協力や経済危機への対応などでの連携を目指す。しかし、インドが交渉からの撤退を表明。2023年1月現在で、13カ国で発効。
中国　韓国
ASEAN
（東南アジア諸国連合）
2015年末に、ASEAN経済共同体（AEC）が発足。ASEAN版TPPのようなイメージ。
インドネシア　フィリピン
カンボジア　ミャンマー
タイ　ラオス
シンガポール★
ブルネイ★
ベトナム
マレーシア
★印はTPPのスタート時からの加盟国。
日本
オーストラリア
ニュージーランド★
RCEP交渉からの離脱
インド
日印EPA

# 第1次世界大戦前の対立の構図

初めての世界規模の戦争で、現在の中東問題などの
種を蒔いたという負の遺産を残した第1次世界大戦。
バルカン半島をめぐる問題がくすぶるなか、
サラエボでのオーストリア帝位継承者の暗殺が開戦のきっかけとなった。
新興勢力であったドイツとそれまでの列強国の対立ともいえる。

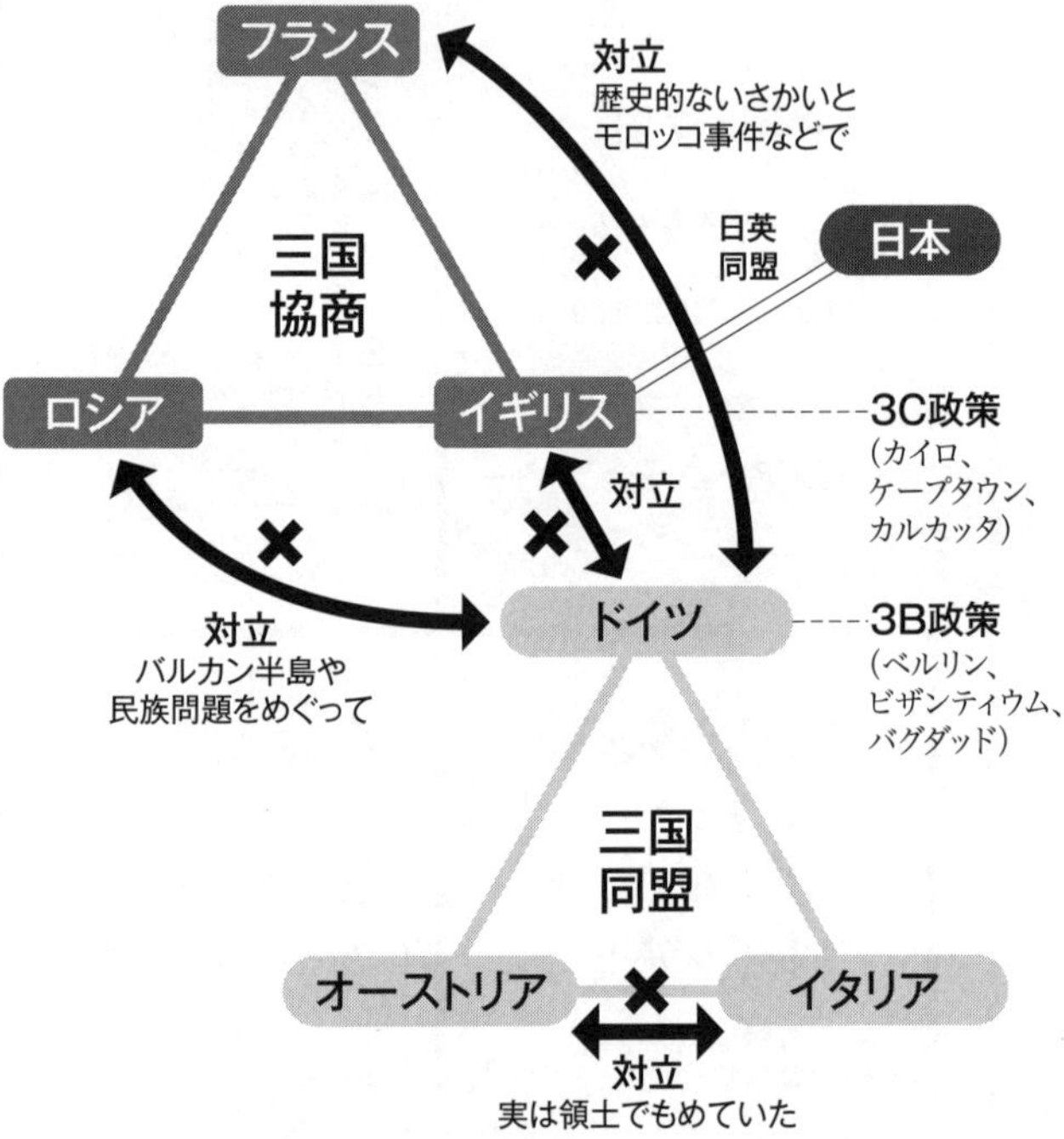
フランス
対立
歴史的ないさかいと
モロッコ事件などで
三国
協商
日英
同盟
日本
ロシア
イギリス
3C政策
(カイロ、
ケープタウン、
カルカッタ)
対立
対立
バルカン半島や
民族問題をめぐって
ドイツ
3B政策
(ベルリン、
ビザンティウム、
バグダッド)
三国
同盟
オーストリア
イタリア
対立
実は領土でもめていた

1914年 サラエボ事件 ▶ 第1次世界大戦へ

1918年 第1次世界大戦終結

1919年 パリ講和会議 ▶ ヴェルサイユ条約締結(戦後体制の確立)

1920年 国際連盟の成立

## 第2次世界大戦前の対立の構図

世界恐慌とファシズム（全体主義）が台頭するなか、
ナチス・ヒトラーのドイツ、ムッソリーニのイタリア、そして日本の
三国軍事同盟を中心とする枢軸国側と、アメリカ、イギリス、フランス、オランダ、
中国、ソ連などの連合国側の間で起こった2度目の世界規模の戦争。
人類史上最多といえる民間人の犠牲を出した。

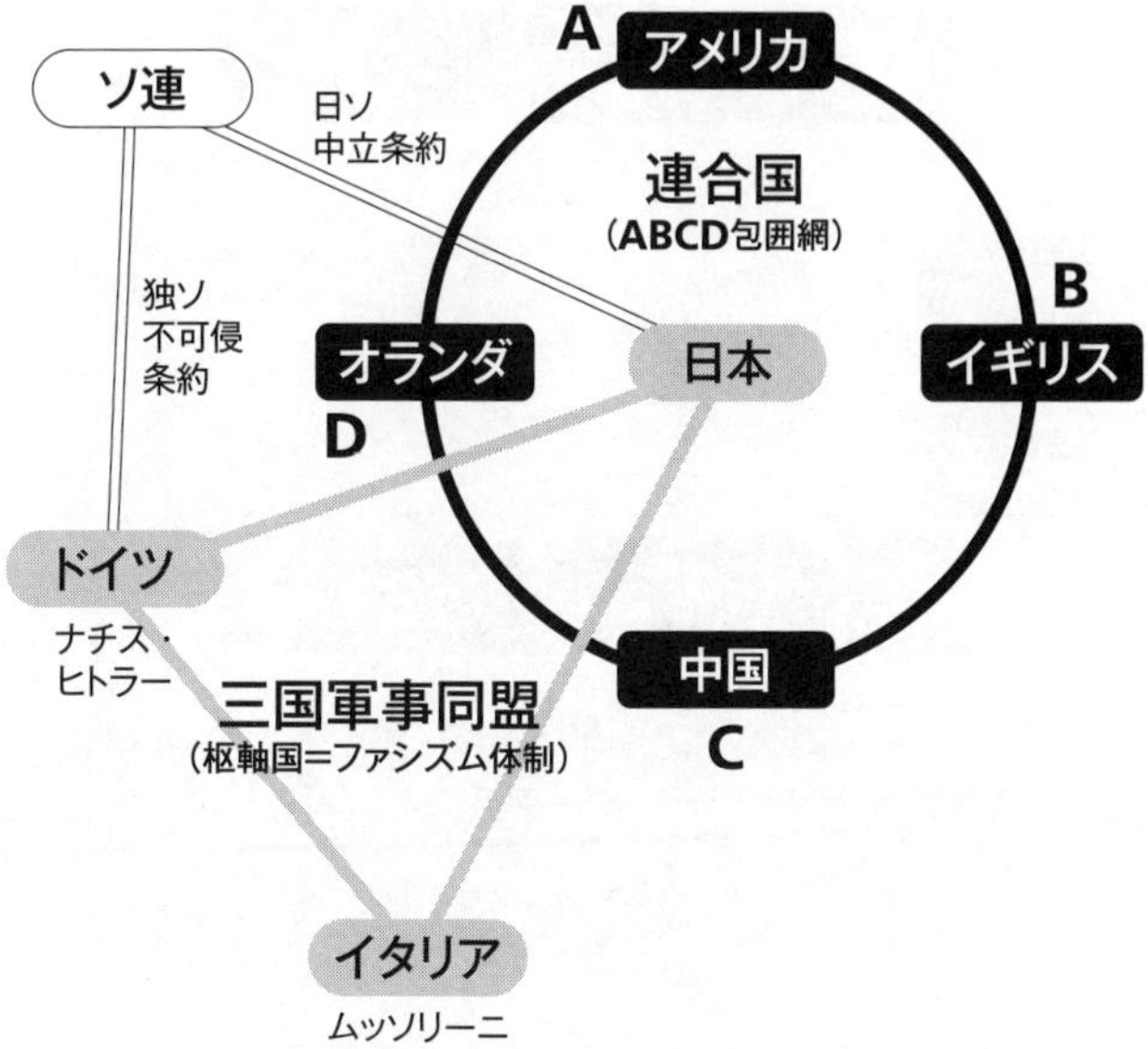


| | |
|---|---|
| 1939年 | ドイツのポーランド侵攻　▶第2次世界大戦へ |
| 1941年 | 日本の真珠湾攻撃　▶日米の戦争へ |
| 1945年 | アメリカ、イギリス、ソ連によるヤルタ会談（戦後体制を話し合う） |
| | 原爆、日本（広島、長崎）へ投下 |
| | 日本、ポツダム宣言受諾　▶第2次世界大戦終結 |
| | 国際連合の成立 |
| 1951年 | サンフランシスコ講和条約締結（戦後体制の確立） |

# 世界の3大宗教とは?

世界には多くの宗教があり、人々の暮らしに密接に結びついている。
宗教が人間としての生き方や精神活動、
さらには経済活動などにも大きな影響を及ぼしている。
世界レベルで広がった宗教のうち、
とくに、キリスト教、イスラム教、仏教を世界3大宗教と呼ぶ。

## キリスト教

開祖:イエス・キリスト
成立:紀元後1世紀ごろ

**3大教派**

- プロテスタント
- 正教会(東方正教とも。ギリシャ正教、ロシア正教などがある)
- カトリック(最大教派)

簡単に言うと「イエスの教えを信じる宗教」。ユダヤ教の改革運動を行っていたイエスのことを、救世主=キリストと考え信じる宗教。

## イスラム教

創唱者:ムハンマド
成立:紀元後7世紀の初めごろ

**スンニ派**(約85%)
イスラム教の教えを守っていけばいい、スンニ(スンナ)=慣習を重視。サウジアラビアなど。

**シーア派**(約15%)
アリー(預言者ムハンマドのいとこ)の党派(シーア)。血統を重視。イランなど。

神に選ばれた最後の預言者であるムハンマドが、神から下された言葉を人々に伝えたことが始まりとされる。

## 仏教

開祖:ゴータマ・シッダールタ
成立:紀元前5世紀ごろ

- チベット仏教
- 上座部仏教 ※上座部とは「長老の僧、徳の高い僧」の意。
- 大乗仏教 ※大乗とは「大きな乗り物」の意。

仏の教え。仏とはブッダ=真理に目覚めた人(ゴータマ・シッダールタ)のこと。物事の真理を知ることを「悟りを開く」という。

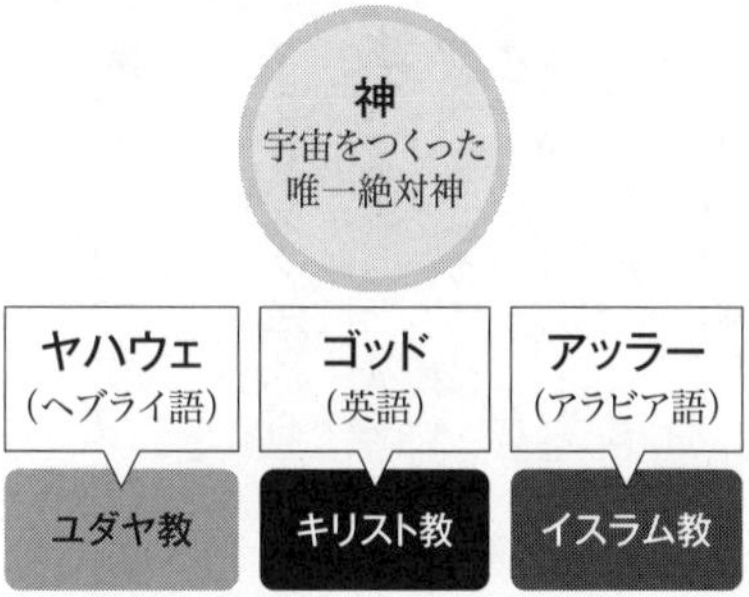


※エジプトのキリスト教系のコプト教では、神をアッラーと呼ぶ。

**この3つの宗教が信じる神は同じ**

ユダヤ教、キリスト教、イスラム教の3つを並べて解説することが多い。実は、この3つの宗教は、同じ唯一神を信じる。ちなみに、ユダヤ教は、紀元前13～前12世紀に成立した宗教。ユダヤ教を信仰する人はユダヤ人と呼ばれる。

**エルサレムの旧市街には3つの宗教の聖地がある**

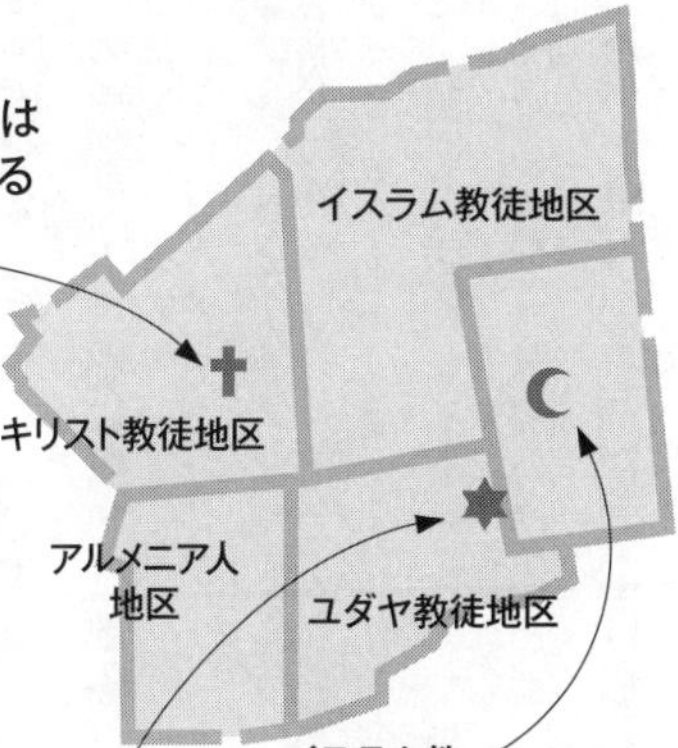

**キリスト教**
**聖墳墓教会**

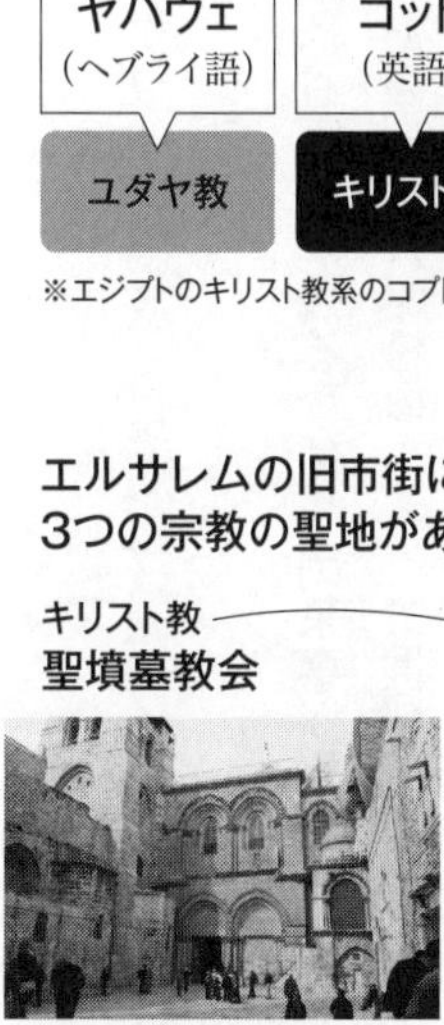

イエスが十字架にかけられたゴルゴタの丘があったとされる場所に建てられている。

**イスラム教**
**岩のドーム**

メッカにいたムハンマドが天馬に乗ってエルサレムに行き、そこから天に昇ったとされる「聖なる岩」を丸い屋根で覆い、この建物に。

**ユダヤ教**
**嘆きの壁**

紀元後70年にローマ帝国によって神殿が破壊された。その神殿の西側の壁だけが残った。夜露にぬれると涙を流しているように見えるところから名づけられたとも。

## ■ロシアのウクライナ侵攻。長期化は避けられない情勢に

**2022年は、歴史に残る事件や出来事が相次ぎました。**ロシアがウクライナへの侵攻に踏み切ったのは2月24日のこと。21世紀にあからさまな侵略戦争が起きたことに驚きましたが、ついに2年目に突入してしまったのですね。ロシアは短期決戦を目論《もくろ》んでいたのでしょう。ウクライナの首都キーウを目指した部隊は3日分の食料や燃料しか持っていなかったといいます。

2014年、ウクライナはロシアにクリミア半島を奪われました。しかし、その当時と違ってウクライナ軍は、強くなっていました。ウクライナ人は愛国心を高揚させ、粘り強く抵抗。ウクライナの世論調査会社「レイティング」が2023年2月に発表した調査によると、ウクライナ国民の95%が「自国の勝利を確信している」と回答したといいます。どちらも一歩も引かない。**戦争の長期化は避けられない情勢**となりました。

そんな中、2023年もユーラシア・グループが今年の「世界の10大リスク」を発表

しました。ユーラシア・グループとは、アメリカの国際政治学者イアン・ブレマー氏が率いる国際的なコンサルティング会社です。

私は『知らないと恥をかく世界の大問題13』の冒頭で、２０２２年の10大リスクの発表内容を、私なりの視点を加えて紹介しました。これを振り返ってみて驚いたのは、ユーラシア・グループが２０２２年、**世界の10大リスクの1番目に挙げていたのが「中国によるゼロ・コロナ政策の失敗」であり、見事にそれが当たったこと**です。

というのも、２０２２年１月の段階では、誰の目にも中国は見事に新型コロナウイルスを抑え込んでいるように見えていました。感染が疑われるとすぐにＰＣＲ検査をし、感染者が出たとなると、その都市をロックダウンしていち早くコロナ患者が出ないような状態にしていたのです。中国も「これが社会主義国家の優位性である」と自慢していました。

なぜ中国のゼロ・コロナ政策が失敗し、それによって世界が大混乱するのか、正直、ピンとこなかったのですが、ユーラシア・グループは早くから見抜いていたのです。**中国のゼロ・コロナ政策はいずれ失敗し、中国経済が大混乱に陥ることで世界経済にも非**

**常に大きな影響を与える**ということを。

## ■ロシアは世界で最も危険な国に

さらに2022年、2番目に挙げていたのは「テクノポーラーの世界（巨大IT企業の強まる影響力）」でした。巨大IT企業というのは具体的にいえば、グーグルやアマゾン、フェイスブック（現メタ）、アップルのGAFAに代表されるような「デジタルプラットフォーマー」と呼ばれる企業のことです。

**巨大IT企業の影響が強まることでさまざまな問題も発生すると推測した**のです。ツイッター社はみなさんご存じのようにイーロン・マスク氏が総額440億ドル（約5・9兆円）で買収しました。しかし2022年のツイッター社の混乱ぶり、あるいはSNS（ソーシャル・ネットワーキング・サービス）を通じてさまざまな陰謀論が飛び交っていることに鑑《かんが》みると、確かにこれも世界にとってのリスクだったと理解できます。

ちなみに3番目には、「アメリカの中間選挙」を挙げていました。中間選挙があったのは2022年11月ですから、ずいぶん早い段階からこれがリスクになると考えていたということです。

ユーラシア・グループは、共和党が下院の過半数を奪還するのはほぼ確実で、上院でも過半数を奪還する可能性があるだろうと予想していました。しかし、上院は予想外に民主党が善戦し、なんとか過半数を維持しました。下院では、**共和党が多数派となったものの下院の議長を誰にするか、その選挙で大混乱となりました。**投票15回でやっと決着がついたのですが、1回目の投票で決まらなかったのは100年ぶりの異常事態だったそうです。まさにアメリカ中間選挙の結果、リスクが起きたわけですね。

ここまで予想が当たると、2023年の10大リスクも紹介したくなるというものです。

ユーラシア・グループが**リスクの1番目に挙げたのが「ならず者国家ロシア」**でした。これは意外感がなかったですね。念のため「ならず者」とは、さまざまな秩序を乱すなど勝手なことをやって周りに迷惑をかける人のこと。**もはやロシアは世界で最も危険な、ならず者国家になってしまいました。**

いまになってみると、**2022年は歴史の大きな転換点になった**といえます。

## ■ロシアはなぜ北方領土で軍事演習をしたのか

ロシアのウクライナへの軍事侵攻で、世界はあらゆる分野で影響を受けています。日本はどうか。もちろん、食料や電気料金の高騰でも打撃を受けていますが、**ロシアはウクライナ侵攻後、北方領土で立て続けに軍事演習を行いました。**これを見て、「ロシアは次に日本に攻めてくるんじゃないか」と心配した人もいたようです。

ロシアの内在的論理を理解していないと、そういう心配をしてしまいます。なぜロシアが北方領土のあたりで軍事演習をしたのか。

北方領土を含むウラジオストク、ハバロフスクのあたりは、ロシアの東部を管轄するロシア軍の東部軍管区になります。ロシアがウクライナに軍事侵攻するとき、ロシア極東の東部軍管区の兵員や装備を大量にウクライナに投入しています。つまり**東部軍管区は非常に手薄になっていて、とても日本に攻め込めるような力はないのです。**

ただ、ロシアにしてみると東部軍管区が手薄になっているので、**その隙をついて日本**

**が北方領土を軍事力で取り戻しにくるのではないか。そういう危機感が強い**のです。

私たちからすると、「そんなバカな」と思うでしょう。「いまが北方領土を取り戻すチャンスだ。軍事力で取り戻そう」なんて思うはずもない。

しかし以前、「（北方領土を取り戻すには）戦争しないとどうしようもない」と発言した日本の国会議員がいましたね。これはロシアで報道されています。ロシアにしてみれば、「日本には北方領土を軍事力で取り戻そうとしている政治勢力がある」と考えている。となれば、ウクライナ侵攻中に日本が攻めてこないように、まだちゃんと北方領土を守るだけの余力があることを見せつけなければなりません。そこで大規模軍事演習をしたということです。

**〝日本に攻めてくる準備〟ではなく、日本に怯《おび》えたロシアが〝虚勢を張るため〟、東部軍管区に残っているなけなしの兵士たちを動員し、軍事演習をして見せた**のです。

ロシアというのは実に臆病《おくびょう》な国。言葉を変えれば、**自国の安全保障に極めて注意を払い、常に神経質なまでにそれを考えています。**それがロシアという国なのだということです。

いまのウクライナの土地は、ナポレオン・ボナパルトのフランス、ナチス・ドイツがロシアを攻撃するために横切った広大な平原です。**ロシアにとってウクライナは戦略的に非常に重要な「緩衝地帯」**。と考えれば、ウクライナに対する攻撃はまだ続くでしょう。

どこかで止めさせなければならないのですが、もはや「ならず者」と呼ばれても仕方のない状態に追い込まれているため、そう簡単ではなさそうです。ユーラシア・グループは、戦争長期化に伴い余裕を失ったロシアが核兵器の使用をちらつかせ、国際社会への揺さぶりを強化する可能性も指摘しています。

今回もロシアとウクライナの関係について、第2章で詳しく解説します。

## ■習近平に誰も「NO」と言えない中国

ユーラシア・グループが挙げた**リスクの2番目は「『絶対的権力者』習近平《しゅうきんぺい》」**です。

2022年10月、中国共産党幹部の人事を決める5年に1回の中国共産党大会が開かれ、習近平は**中国共産党の総書記として、異例の3期目に突入**しました。

そもそも中国共産党の総書記には任期の規定がなかったのです。**総書記とは、「党の最高指導者」のこと。**中国では、共産党の総書記が自動的に国のトップである「国家主席」も務めるのが通例で、国家主席のほうは憲法で「2期10年まで」と決まっていました。国家主席のほうだけに任期があったのです。

総書記と国家主席はどちらが偉いのか。国家主席は英語でいうプレジデントですから、一般的なイメージでは国家主席のほうが上と思いがちですが、違います。中国は共産党の指導によって国が運営されます。**あくまで党のトップの総書記が、中国では絶対的な権力を持つのです。**

これまでは、国家主席の任期が2期までなので、中国共産党の総書記に任期はないものの、結果的に2期までという不文律がありました。ところが習近平は「2期10年まで」とする国家主席の任期制限を定めていた憲法の条文を撤廃してしまいました。

そして、2022年10月16日に北京で行われた中国共産党の第20回全国代表大会（党大会）で、習近平総書記が3期目に入ったのです。

その後、中国の国会にあたる全国人民代表大会（全人代）が２０２３年３月に開かれ、習近平総書記は、国のトップである国家主席も３期目に入りました。

これがなぜ世界の重大リスクなのか。

中国では**権力の一極集中が進み、習近平が共産党のトップとして自分の周囲をイエスマンで固めてしまいました。**誰も習近平に「ちょっとお待ちください。それは考え直したほうがいいのでは？」と、モノ申す人がいないのです。

こうなると、習近平１人の判断ですべてが決まりますから、本人が判断を誤れば、14億の民が大変な被害を受けます。**中国という大国のミスは、ひいては世界全体のリスクにもなり得るということです。**

実際、中国では新型コロナウイルス対策を大転換せざるを得なくなりました。結果、多くの死者が出たとみられています。そのリスクはすでに表れているといえます。ゼロ・コロナ終了後の中国については、第４章で解説します。

異例の3期目突入。
絶対的権力者"習近平"
中国共産党総書記
および
国家主席
1期
習近平
5年
2期
5年
2期10年
までという
条文を撤廃
3期
←敵対勢力を排除
胡錦濤
元主席
李克強
前首相

## ■進化する人工知能（AI）が世界を混乱へ

リスクの1番目にロシア、2番目に中国とくると、3番目はどこの国だろうと思ってしまいますが、**3番目は「大混乱生成兵器」**。何のことやらと思いましたが、これはあらゆるところで使われるようになった人工知能（AI）のことですね。とくにAIでも、作文や描画など、〝創作力〟を発揮するAI分野のことを「生成モデル」というのだそうです。

2023年に入って、日本でも**対話型AI「Chat（チャット）GPT」の利用者が爆発的に増えています。**人間が入力した質問に対して、どんな分野だろうが何でも答えてくれます。

実際私が、「ロシアはなぜウクライナに侵攻したのか」という質問を投げかけてみると、実に見事な内容の答えが返ってきました。教えている学生がこれだけのレベルのものを書いたら、間違いなく高得点を与えたでしょう。

しかし、別の質問では間違いも多くありました。自分が詳しい分野であれば間違いに気づけるかもしれませんが、そうでない場合、鵜呑《うの》みにするのは危険です。要するに**使う側のリテラシーが試される**ということです。

ただ、ＡＩは日々進化しています。すでにＣｈａｔＧＰＴはアメリカのＭＢＡ（経営学修士）、司法試験、および医師資格試験に合格できるほどだとか。コンピュータのプログラム・コードを書くこともできるといいますから、多くの人間がＡＩに仕事を奪われる可能性があります。

それこそ、ＣｈａｔＧＰＴに「世界の10大リスクを挙げてください」と言ったら、10大リスクが出てくるかもしれません。これはユーラシア・グループにとってのリスクですね。

ＡＩは、偽情報「フェイクニュース」をすでにつくり出しています。たとえば２０２２年２月にロシアがウクライナに軍事侵攻した直後の３月に、ウクライナのウォロディミル・ゼレンスキー大統領が「ロシアに降伏する」と呼びかけるフェイク映像が拡散されました。大統領がすっかり戦意を失って、戦わないように国民に語りかけているのです。**この偽動画は「ディープフェイク」というAI技術でつくられています。**

それを知ったゼレンスキー大統領は、すぐさま自分のフェイスブックに、「降伏する予定はない」と投稿しました。

ゼレンスキー大統領がキーウ（キエフ）から「逃げた」との情報も出ました。ウクライナ国民の心が、大統領から離れることを狙ったのでしょう。

このとき、ゼレンスキー大統領は、大統領府の建物の前に出てスマホ（スマートフォン）で自撮りをしながら、「ご覧のように私はここにいる。誰も逃げ出していない」と、大統領府長官や首相と肩を並べて国外脱出情報を否定し、国民の動揺を抑えました。

ゼレンスキー大統領が咄嗟《とっさ》にこういう行動をしなければ、**あっという間にフェイク情報が広まってしまい、国民は大混乱になったでしょう。**

もし誰かが出来心やいたずらで、ロシアのウラジーミル・プーチン大統領のディープフェイクの偽動画をつくり、「核兵器の使用を命じた」などと語らせてしまったら、世界中がパニックに陥ります。**AI技術の進化はもちろんメリットも大きいのですが、逆に人間を混乱させるリスクも高まっている**ことを私たちに教えてくれているのです。

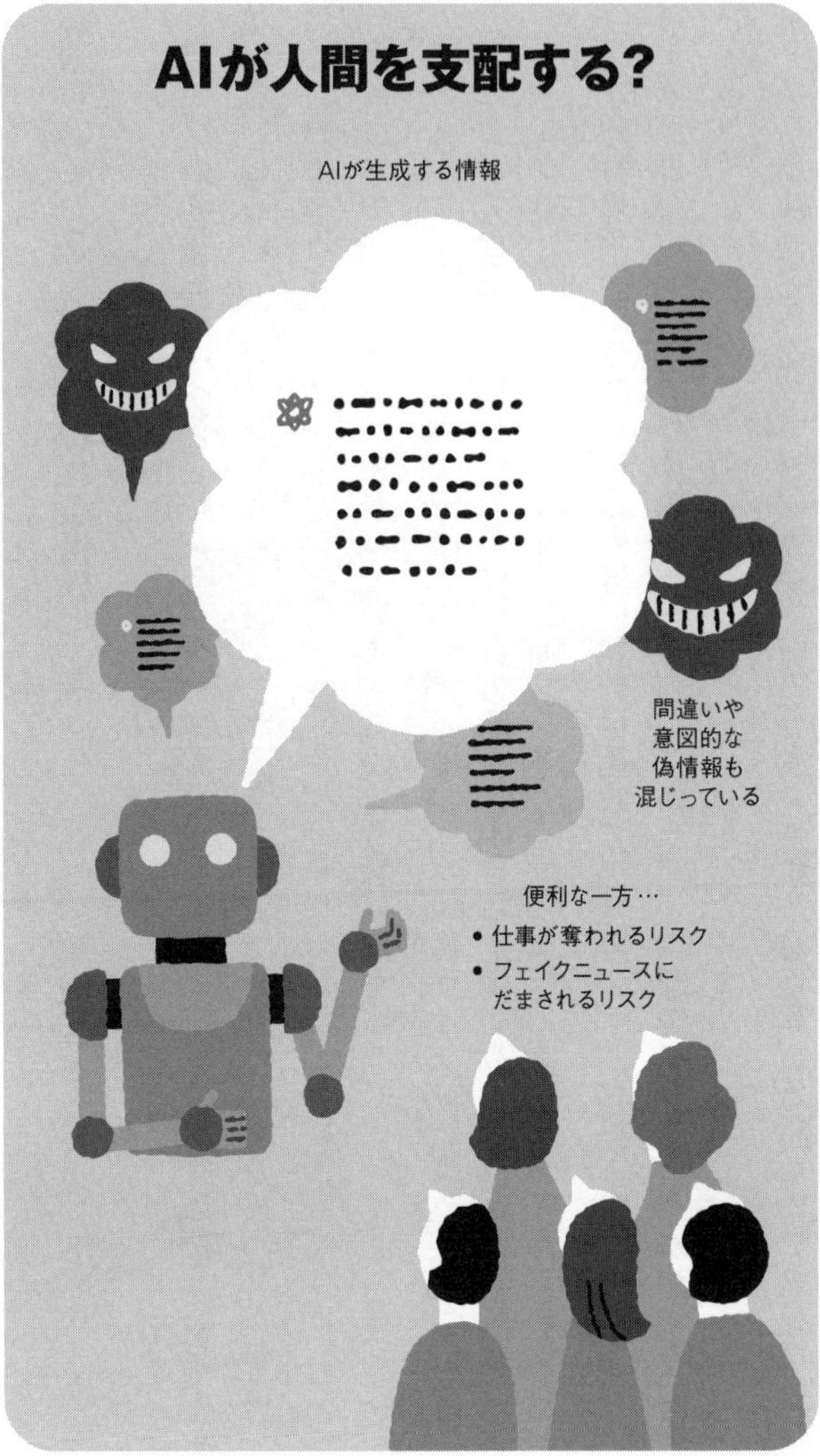
AIが人間を支配する?
AIが生成する情報
間違いや
意図的な
偽情報も
混じっている
便利な一方…
• 仕事が奪われるリスク
• フェイクニュースに
だまされるリスク

## ■激しいインフレに見舞われる世界

**リスクの4番目は「インフレショック」**です。インフレは日本で久々に聞く言葉です。私が若いころは「インフレ」という言葉しか聞きませんでした。しかし、バブルがはじけた後はずっとデフレ、デフレ。「やっと」という言い方には語弊がありますが、ここへきて世界中がインフレに苦しんでいます。つまり物価高です。

しかし**インフレには2種類**あります。景気がよくて物が売れるので物の値段が上がり、それによって企業が儲《もう》かり、企業は社員の給料を上げる。働く人の所得が上がれば、またさらに消費が増えるという状態。これが、「いいインフレ」です。

日本銀行の黒田《くろだ》東彦《はるひこ》総裁は**この好循環を目指していた**のですが、日本では結果的に給料が上がらないまま物価だけが上がっていく、いわゆる**「悪いインフレ」が起きてしまいました。**

アメリカは日本と違って、景気はいいのです。ですがあまりに急激なインフレに見舞われ、中央銀行にあたる**ＦＲＢ（連邦準備制度理事会）は、インフレを抑えようとして金利を引き上げていきました。**

アメリカの金利が上がるということは、たとえば、**お金を円からドルに替えておけばお金が増えるチャンスが広がります。ということは円を売ってドルを買う。円が売られると円安に拍車がかかり、輸入物価が上がります。**

エネルギーや食料そのものの価格が上がっているのに、さらに円安による値上がりも加わる、私たちの**家計はダブルパンチを食らっている状態**です。

日本の岸田《きしだ》文雄《ふみお》首相は、とにかく「物価上昇率を上回る賃上げをしてほしい」と経営者たちに呼びかけました。賃上げは利益をたっぷりため込んでいる大企業にはできるかもしれませんが、中小企業は厳しいでしょう。

**大規模な金融緩和で円安が進む形となったアベノミクス。この政策が何を残したのか。成果と課題を検証する必要があります。**

## ■世界中が批判、イランの「ヒジャブ問題」

続いて**リスクの5番目は「追い詰められるイラン」**です。

2022年9月、イランの首都テヘランで「ヒジャブ（女性が髪の毛を覆うスカーフ）を適切に身に着けていなかったから」という理由で道徳警察に拘束された女性が、その後、死亡してしまうという事件がありました。

**イスラム教が国教のイランでは、女性のスカーフ着用が義務付けられているのです**。殺害されたという証拠はないのですが、この事件をきっかけに大勢の女性がヒジャブを脱ぎ捨て、さらにイランの体制に対する抗議デモが広がりました。

当局はデモに参加した市民を次々に捕まえ、治安要員を負傷させた人に対して死刑を執行していきました。これに対し、**欧米はイランへの追加制裁を公表。抗議の声が高まりました。**

この騒乱を受けてイランは、服装規定違反などを取り締まる道徳警察は「廃止された」と発表。さらに、2023年2月になってイラン最高指導者のアリー・ハメネイ師は、反政府デモなどに参加し罪に問われている被告や収容されている数万人の受刑者に恩赦を与えることを決定しました。

**イランには選挙によって選ばれる大統領よりも強い権力を持つ「最高指導者」（任期は終身）という役職が存在します。**

ハメネイ師による恩赦は、革命から44年の記念日を控えた措置とのことでしたが、制裁を強める欧米の批判をかわすことが狙いだとの見方もあります。ただしデモ参加者のうち、公共施設の破壊や放火などの行為をした容疑者らは恩赦の対象外。実際、何人に恩赦が与えられるのかは明らかになっていません。

イランは核開発を進めています。世界中が批判をする中、イランは追い詰められると核兵器を持とうとするのではないか。イランが核を持つと、サウジアラビアも……、そういうリスクも高まっているということです。

2022年は中東で初のサッカーワールドカップが開催されました。開催地カタールも人権問題で批判されました。

イランと対立する中東の盟主・サウジアラビアは、サウジアラビア政府に批判的だったジャーナリストのジャマル・カショギ氏殺害をはじめとする**人権問題をめぐってアメリカと距離を置くようになり、最近は中国に急接近しています。**２０２３年3月上旬には、中国の仲介でサウジアラビアとイランが国交正常化を果たしました。アメリカの中東での影響力が低下しているということです。

「アラブの春」からすでに10年以上が経ち、民主化の成功例として語られてきた北アフリカのチュニジアでも、コロナ対策としてロックダウンが宣言されたことをきっかけに、反政府デモが激化しました。

**アメリカの影響力が低下した中東。**中東はどこへ向かうのか。第3章では、あらためて「中東のいま」を見ていくことにしましょう。

## ■エネルギー危機から原発政策大転換の日本

ユーラシア・グループが**リスクの6番目に挙げたのは「エネルギー危機」**です。これはロシアがウクライナに侵攻したことから派生したものです。

天然ガスや石油がロシアから買えなくなって、西側諸国を中心にエネルギー不足に陥っています。日本でも電気代が値上がりし、この冬は「電気代の請求額を見てびっくり」という声も聞こえました。

日本では、電気料金について認可制がとられています。政府が「これ以上、価格を上げてはいけない」という上限を設けていて、そこまでは認可を受けなくても電気料金を変動させることができる仕組みです。しかしエネルギー価格上昇により発電コストが上がったため、電力各社とも上限いっぱいに達してしまいました。東京電力など大手電力7社は「もう限界」と、政府に対して「電気代を値上げさせてください」と認可を申請しました。

**電気代が上がればさまざまな製造業のコストも上がります。**トラックの運送コストをはじめ、温室栽培の燃料代などなど、ありとあらゆるコストが上がってそれが価格に転嫁されます。これまでもさまざまなものが値上がりしてきましたが、**値上がりの危機は当分、続きそうです。**

一方、「これ以上の電気料金の高騰を防ぐためには、原発再稼働もやむなし」という声が出てきたことを受けて、**政府は原発推進へと政策を転換しました。**

ロシアのウクライナ侵攻によるエネルギー危機を契機に、再稼働、運転延長、次世代型原発建設を一気に進めようとしています。原発政策だけでなく、安全保障政策もあっさりと大転換してしまった日本については、第6章で解説します。

## ■「ヨーロッパのパンかご」での戦争で飢餓人口が増加

**リスクの7番目は「世界的発展の急停止」。**コロナが蔓延《まんえん》する前は、グローバル化によって貿易が活発になり、世界経済は発展していくものと思われていました。それがコロナによって突然ブレーキがかかり、さらにロシアのウクライナ侵攻でエネルギー価格が上昇。結果的に世界経済は大きなダメージを受けることになりました。

**とくに深刻なのは開発途上国です。**国連（国際連合）のアントニオ・グテーレス事務総長は、今回の戦争を「開発途上国への静かな攻撃」と批判しました。これからどんどん豊かになっていくと思っていたら、食料不足や物価高騰により命を落としていく人たちがいるというわけです。

ウクライナは「ヨーロッパのパンかご」とも呼ばれます。ロシアとウクライナは、小麦やトウモロコシの大生産国。**両国の戦争は、エネルギーだけでなく、食料の安定供給体制にも打撃を与え、世界のあちこちが豊かになるどころか貧困へ逆戻りしてしまうような状態になっている**のです。とくに弱い立場に置かれた人たちにとっては、生死に関わる問題になっていることを忘れてはなりません。

## ■アメリカが機能不全に陥っている？

**リスクの8番目は「分断国家アメリカ」**です。

アメリカでは、2022年11月に中間選挙が行われました。選挙で選ばれた新しい議員たちによって、上院と下院が開かれましたが、まずは議事を進行する議長を選ばなければなりません。議長が選ばれて初めてそれぞれの議員たちが議員として国のために尽くしますといった宣誓をし、その後、予算やさまざまな法案を議論していきます。
ところが先にも触れたように、そこへ行く前の段階で、そもそも**議長を誰にするかが決まらず、延々と投票が繰り返されました。**

下院は共和党が多数派です。下院で過半数を取れば議長に就任できます。しかし共和党の中には、極めて保守的な勢力がいます。この勢力が、「（ケビン・）マッカーシーという議長候補は中道寄りである」という理由で、強硬にマッカーシーの議長就任に反対し、いつまで経っても過半数が取れなかったのです。

客観的には中道寄りの人物とも思えないのですが、「極端な保守派ではないから」と嫌がらせをする。いわゆるドナルド・トランプ支持議員で、中には「2020年の大統領選挙は不正があった。本当はトランプが勝ったのに、（ジョー・）バイデンによって票が盗まれた」といまも訴えている人もいます。

15回にもおよぶ投票の末に妥協が成立し、マッカーシーが下院の議長になったものの、**今後も強硬な保守派の言い分を受け入れなければ何事も進められない事態になるでしょう。**そうなると、共和党の主流派（多数派）にしてみれば、なぜあんな少数の過激な連中に共和党の方針が変えられなければならないんだという不満を持つようになる。

下院は確かに共和党が過半数を獲得しましたが、それがわずかな差だったために本当に少数が反乱を起こすだけでも何も決められないことになってしまうのです。

「分断国家」というと、アメリカの場合はこれまで**「民主党と共和党の分断」**でしたが、**いまは共和党内部でも分断が起きています。**

**アメリカで決めるべきことが何も決まらないと、世界にとってのリスクにもなり得ます。**アメリカ共和党の動向次第では、ウクライナの戦況も大きく変わってくる可能性があるでしょう。それも、これからの世界を見るうえで重要です。

アメリカは中間選挙が終われば、２０２４年の大統領選挙に向けて動き出しますが、２０２３年3月には、トランプ前大統領起訴のニュースも飛び込んできました。これに関しては、共和党がこぞって民主党を非難。ここでもアメリカの分断が深刻になっています。ウクライナ戦争のカギを握るアメリカについては、このあとの第1章で解説します。

## ■Z世代が注目されている

私が意外に思ったのは、**リスクの9番目の「TikTokなZ世代」**でした。いろいろなところで「Z世代」という言葉を聞くようになりましたが、なぜここにTikTokが出てくるのか。

まず「Z世代」を説明しましょう。みなさん、意外とご存じないのですね。日本ではよく「団塊の世代」という言葉を聞きます。昭和22年、23年、24年（1947～1949）生まれの人のことです。アメリカでいえばベビーブーマー（アメリカの場合は、1946～1964年生まれを指します）。つまり第2次世界大戦が終わり、戦場から戻ってきた若者たちが結婚して生まれた子どもたちです。

次の世代が出てくると、大体「最近の若い者は」などと言い始め、「何を考えているかよくわからない」といった言い方をします。そこで、ベビーブーマー世代の次の世代は「よくわからない」という意味でX世代と名付けられました。具体的には1960年

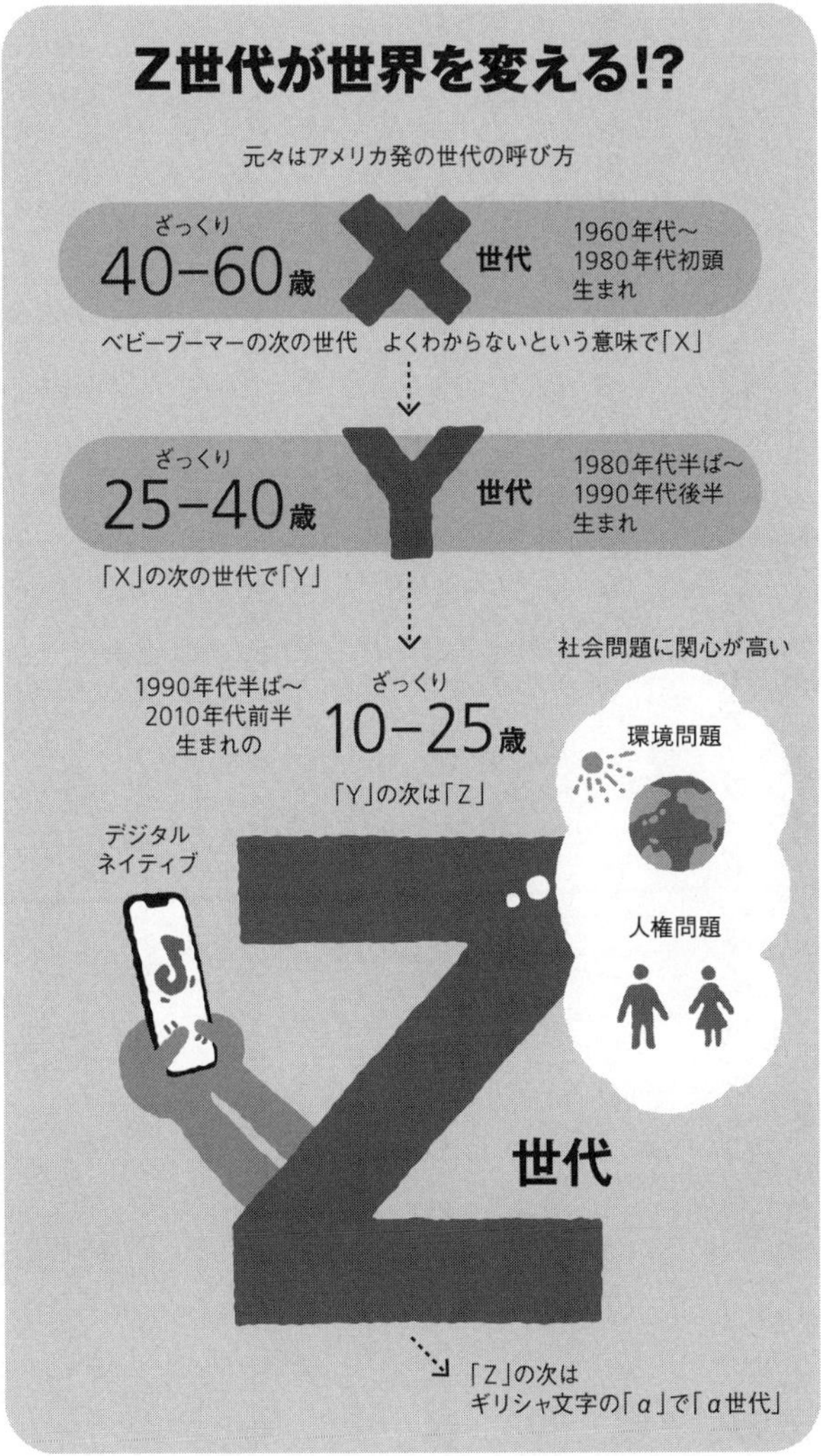
Z世代が世界を変える!?
元々はアメリカ発の世代の呼び方
ざっくり
40−60歳
X 世代
1960年代〜
1980年代初頭
生まれ
ベビーブーマーの次の世代　よくわからないという意味で「X」
ざっくり
25−40歳
Y 世代
1980年代半ば〜
1990年代後半
生まれ
「X」の次の世代で「Y」
社会問題に関心が高い
1990年代半ば〜
2010年代前半
生まれの
ざっくり
10−25歳
「Y」の次は「Z」
環境問題
人権問題
デジタル
ネイティブ
Z 世代
「Z」の次は
ギリシャ文字の「α」で「α世代」

代から1980年代初頭までに生まれた人のこと。

しかしやがてそのX世代が世の中を支える主流になり、また新しい世代が生まれてくる。これが「Xの次だからYだろう」と、「Y世代」と呼ばれました。アメリカでは一般的に1980年代半ばから1990年代後半までに生まれた人をこう呼びます。その次の世代は、X、YときてZだというわけです。Z世代とは1990年代半ばから2010年代前半までに生まれた世代です。

日本でも、いつの世も若者には「新人類」と名付けたり「ゆとり世代」と名付けたり、いろいろな名前をつけたくなるものなのですね。そしてその**Z世代がこれからの世界に大きな影響力を持っていくだろう**ということです。

## ■デジタルネイティブが世界を変える

**Z世代の特徴といえば、「デジタルネイティブ」であること。**生まれたときからインターネットが存在し、ネットを使うための知識や能力が高く、SNSを自在に操る。10

代から20代前半の人は、本当によくＴｉｋＴｏｋを見ています。

**さらに彼らの特徴としては、環境問題に敏感です。**スウェーデンのグレタ・トゥーンベリさんらの行動に影響を受けて、とにかく温暖化にブレーキをかけなければならないと考えている。温暖化対策に熱心ではない企業に対しては厳しい目を向けています。学校を休んでもデモをしようといった動きが、アメリカやヨーロッパで高まっています。

中には過激な行動をする人もいて、彼らを怒らせると企業や政府にとって危機になるかもしれないというわけです。個人的にはちょっとびっくりしましたが、**新しい価値観を持つＺ世代によって世界が大きく動かされる可能性もある**と考え、あえてリスクに入れたのでしょう。ユーラシア・グループ独自の嗅覚《きゅうかく》かもしれません。

しかしリスクばかりではないでしょう。やはり未来は若者のもの。ついつい年配者は「～世代」と名付けたがりますが、どのような呼び方をされても若い世代がこれからの日本、あるいは世界を切り拓《ひら》いていくのです。**人権問題や環境問題に熱心に取り組んでいるということは、世界を良いほうへ導いていく可能性もある。それを私たちは応援していかなければなりません。**Ｚ世代に大いに期待したいところです。

余談ですが、XYZとアルファベットを使い切ってしまいました。次はどう呼ぶのかということですが、ラテン文字の次はギリシャ文字で、Z世代の次は「α世代」と呼ぼうという動きがあります。そのうち「α世代」を耳にするようになるはずです。

## ■国境を越えた水争い

さて最後、**リスクの10番目に挙げたのは「逼迫《ひっぱく》する水問題」**です。水不足がリスクだというのですね。世界では温暖化が進み、2022年は記録的な猛暑になった国もありました。ヨーロッパでは「過去500年で最悪」といわれる干ばつに見舞われましたし、アメリカのカリフォルニアで発生した山火事では多くの人が避難し、死者も出ました。**気候変動によって雨が降らず、世界各地で水不足と干ばつが深刻な問題になっています。**

2022年にエジプトで開かれた気候変動対策の国際会議「COP27（第27回国連気候変動枠組条約締約国会議）」でも、主要なテーマの1つが「水」でした。

異常気象の中で、とりわけ安全できれいな水を手に入れることが難しい状態になっています。水をめぐって国際紛争が起きていたりするのです。

たとえば**中東では、「ヨルダン川水紛争」が問題になっています。**ヨルダン川西岸地区に住むパレスチナ人が飲料水を手に入れることに苦労し、危機に直面しているのです。ヨルダン川の水はヨルダンも灌漑《かんがい》用の水として使っていますし、イスラエルの人も使っているため死海に流れ込むまでに水がなくなり、死海の水位がどんどん下がっています。

パレスチナ人とイスラエル人は土地をめぐって争ってきましたが、**水をめぐっても争うようになるのではないか。**

また、**インドシナ半島でも水争い**が起きています。メコン川の上流に位置する中国は、次々に大型ダムをつくっています。このダムの建設によって、下流に位置するタイは水不足に。**複数の国にまたがって流れる国際河川では、上流の国と下流の国の間で、水をめぐって国境を越えた争いが起きてしまいます。**

水不足は地球全体に広がっています。水不足もこれから大きなリスクになってくるということです。温暖化問題をはじめとする世界共通の問題については第5章で解説します。

## ■日本の大問題！　その①「台湾有事」はあるのか

ユーラシア・グループによる「世界の10大リスク」から離れて、日本が抱えるリスクについて考えてみると、それはやはり**東アジア情勢、「台湾有事」**です。

中国が台湾に軍事侵攻するようなことがあれば、アメリカのバイデン大統領は「台湾を守る」と言っていますから、アメリカ軍が出動することになります。どこから出動するのか。沖縄のアメリカ軍基地からです。中国がアメリカ軍に攻撃させないためには、そもそも出動する前に基地を叩《たた》いておくのが一番です。**となると、沖縄のアメリカ軍基地が攻撃を受けることになります。**

それは日本の領土が攻撃を受けるということですから、日本の自衛隊が自国を守るために出動する、あるいはアメリカ軍と行動を共にする。

そこで岸田政権は、防衛費を増やすと宣言し、防衛力強化に大きく舵《かじ》を切りました。

しかし中国にしてみれば、いま軍事侵攻をすれば大きな打撃を受けます。ロシアによるウクライナ侵攻で、ロシア側が酷《ひど》い目に遭っていることもわかっていますから、いますぐ台湾に軍事侵攻することは考えにくいでしょう。

ただし頻繁に軍事演習をすることによって、台湾の人々をすっかり精神的に萎《な》えさせてしまおうとしています。「もういい加減、こんな生活はいやだ」となれば、中国との関係を改善しようという国民党に政権を任せたほうがいいのではないかと考えるようになっても不思議ではありません。**国民党が政権を取る可能性は十分にあります。**

つまり中国の習近平国家主席は、**孫子《そんし》の兵法にある「戦わずして勝つ」という戦略を**持っているのではないか。「軍事的なオプションを放棄しない」という言い方をしながら脅し、ひたすら軍事演習を続けることで台湾の人たちをうんざり、くたびれさせて、柿が熟して落ちてくるような形で台湾を手に入れる。

中国がこうしたビジョンを持っているとしたら、日本としてはどういう対応を取るべきか考える必要があります。防衛費をどうすべきなのか、いったいいくらならふさわしいのか、どう使って備えていけばいいのか、私たちはこれからリアルに考えていかなければなりません。防衛費の増額が是か非かではなく、何が必要で何が必要でないのか、あるいは何が近々必要で、何はもう少し後でもいいのか。

## ■日本の大問題！　その②少子化が止まらない

そして岸田政権は未来への投資として**「異次元の少子化対策」**も掲げています。小池《こいけ》百合子《ゆりこ》東京都知事は「チルドレン・ファースト」と横文字を使いましたが、少子高齢化にはとにかく待ったをかけなければならない。これも日本が抱える重大なリスクです。

ユーラシア・グループが掲げた10大リスクとは別に、私は**日本が抱えるリスクとしてこの2大リスク**を挙げたいと思います。

少子化問題は先送りできない課題です。岸田首相は施政方針演説で「社会機能を維持できるかどうかの瀬戸際」と危機感を強めました。児童手当を中心とした経済的支援を拡充するだけではなく、結婚を希望する未婚者への支援対策など、社会をどう変えていくのか。解決に向け、本気度が問われます。

一方で、岸田首相は、防衛費増額を閣議決定しました。防衛費の規模を今後5年間で

1・6倍の43兆円程度とし、2027年には関連予算と合わせてGDPの2%相当にするというのです。閣議決定直後の2023年1月13日、岸田首相は就任後初めてアメリカ、ホワイトハウスを訪れ、バイデン大統領と会談しました。防衛費の大幅増は、アメリカへの手土産だったのでしょうか。

このところアメリカの覇権が揺らぐことで、世界が不安定になっています。昨今の状況を見ていると、アメリカ自身が迷走し、危機的状況にあるのではないかと思えてきます。

2023年に入って私は、雑誌の仕事で歴史人口学者のエマニュエル・トッド氏と対談しました。彼が「アメリカの崩壊もあり得るのではないか」と語ったのが印象的でした。「いまの人類が直面している問題は2つある。地球温暖化とアメリカだ」と彼は言います。

**「分断国家アメリカ」から、われわれは何を学び取ることができるのか。**アメリカの現状について、さっそく次の章で見ていくことにしましょう。

# 第1章

# 「左右上下」に分断されたアメリカ

## ■アメリカ中間選挙「2022」を取材して

ユーラシア・グループが2023年の世界の10大リスクの1つに掲げた「分断国家アメリカ」。**2022年の中間選挙では、まさにアメリカの分断が進んでいることを、目の当たりにしました。**

これまでは新型コロナウイルス禍で海外取材へ行けませんでしたが、2022年10月中旬から11月初めにかけて、久しぶりにアメリカへ行ってきました。ニューヨークの街は劇的に変わっていました。物価が高いと聞いてはいたものの、予想以上でした。

その話をする前に、アメリカの中間選挙とはどういうものか。何度かこのシリーズで解説していますが、ここでおさらいしておきましょう。

**アメリカの大統領選挙は4年に1度**行われます。ちょうど夏季オリンピックと同じ年です。**その大統領選挙と次の大統領選挙の中間に行われる議会選挙だから「中間選挙」。上院議員と下院議員（アメリカの議会は上院と下院の二院制）の選挙**が行われます。

まず、上院と下院の違いは何でしょうか。**上院議員は「州の代表」**です。アメリカは「州の権限」が非常に大きい国です。重要な権限は各州に与えられていて、法律も州ごとに独自に定めることができます。

たとえば、大麻が合法化されている州もあれば、そうでない州もある。アメリカという国全体、つまり「連邦政府」としては、大麻は違法というスタンスなのですが、各州を見ると50の州のうち19の州と首都ワシントンでは「合法」です。また、持っているだけなら犯罪にならないという州もあって、完全に非合法としている州はわずか6州に過ぎないのです。言ってみれば**「50の国が連邦をつくっている」**イメージです。

上院議員は、それぞれの個性を持った州の代表です。州の代表が国政に参加するという意味合いで、州の大きさや人口に関係なく、それぞれの州から2人ずつ選出します。50の州から2人ずつなので定数は１００。任期は6年です。

一方、**下院議員は「国民の代表」**です。国民の平等を目指す下院は、州の人口比率に応じて議席が配分されています。人口が多いカリフォルニア州は52議席、少ないワイオミング州などは1議席といった具合です。

ただ、人口は流動的ですから、10年ごとに行われる国勢調査の人口データに基づいて議席数が見直されます。定数は50州合わせて435。最多はカリフォルニア州ですが、2020年の国勢調査の結果、人口が減ったので1議席減って52議席になりました。逆に人口が増えたテキサス州やフロリダ州は議席が増えました。下院議員の任期は2年です。

中間選挙では、任期2年の下院議員は435人全員が改選となります。一方、任期6年の上院は、中間選挙と大統領選挙で2年ごとに選挙があるため、これに合わせて2年ごとに3分の1ずつ選び直します。

ただ100人は3で割り切れませんから、33人が改選される年と34人を選び直す年があります。今回は34人に当たる年だったのですが、それ以外に補欠選挙があり、実際には35人が選び直されました。

**実は上院と下院の選挙のほかにも、各州の知事選挙や市長選挙、教育委員選挙などさまざまな選挙もいっしょに行われました。**

日本でニュースになるのは、上下両院の議員選挙であることが多いですね。

## ■アメリカの物価高に驚愕

中間選挙の取材では、久しぶりにニューヨークやペンシルベニア、フロリダなど激戦区を回りました。ニューヨークのマンハッタンの街はさすがに新陳代謝が激しいですね。おいしいラーメン店が増えていました。

２０１２年や２０１６年のアメリカ大統領選挙のときは１カ月間アメリカに滞在しました。１カ月もいると日本のラーメンが恋しくなります。当時はおいしいラーメン店を見つけるのが大変でした。〝なんちゃってラーメン店〟はあるのですが、われわれ日本人が楽しめるようなラーメン店はごく少数でした。しかし今回行くと劇的に変わっていて、日本にあるようなラーメン店がたくさんありました。

ただ、値段には驚きました。インフレで物価高とは聞いていましたが、それに円安が重なって、ラーメンと餃子《ギョーザ》、州の付加価値税とチップを合わせて５４００円。いくらニューヨークで人気の店とはいえ、ラーメンと餃子だけで５４００円とは、身をもってアメリカの景気回復を実感しました。

当然、ホテルも高いわけです。マンハッタンは治安があまりよくないので安いホテルは心配です。5つ星のホテルに泊まる必要はないけれど、せめて4つ星くらいに泊まろうとすると「1泊食事なし」で500ドルくらい。私が行ったときはちょうどドル／円レートが150円くらいのときでしたから、日本円で7万5000円です。ホテルで朝食をとると30ドル＝4500円。金銭的には辛《つら》い滞在でした。

いまインバウンドで日本に大勢の観光客が押し寄せています。日本では、5つ星ホテルでも3万円から4万円で泊まれますから、アメリカ人にしてみると、なんて安いんだろうと驚くでしょう。サービスもいい、治安もいい、食事もおいしいとなれば、日本が「一番行きたい国」になってもおかしくありません。しかし、**「日本は本当に貧しい国になってしまったのだな」**と、実感した取材旅行でもありました。

## ■大盤振る舞いの新型コロナウイルス対策の悪影響

話をアメリカの中間選挙に戻します。取材に入ったところ、アメリカのメディアは、今回の中間選挙では、「バイデン政権の民主党が議席を大幅に減らし、野党の共和党が議席を大きく伸ばすだろう」と事前予測を出していました。

ただ、これは中間選挙ではある意味〝お約束〟なのです。大統領選挙で民主党が勝つと、それに対する不満を持っている人が2年後の中間選挙では共和党に入れる、共和党の大統領が誕生したら、不満がある人が中間選挙では民主党に入れる。**だいたい大統領選挙で勝った党と反対の党が、中間選挙で勝利することが多いのです。**

ジョー・バイデン大統領は民主党なので、中間選挙では共和党が票を伸ばすだろう。日本でも、アメリカのメディアの報道をそのまま伝えていました。

ここでいうアメリカのメディアとは、たとえば新聞でいえば「ニューヨーク・タイムズ」、「ワシントン・ポスト」、テレビでいえばCBS、NBC、ABCといった伝統的な3大ネットワークと、ニュースチャンネルCNNなどの報道です。そうすると、日本にいると「民主党が大敗するんだな」と思ってしまいます。

しかしニューヨーク市内で道行く人に物価高について聞くと、「確かに物価は上がっているけれど、給料も上がっているから問題ない」という人が多かったのです。ニューヨークの飲食店の時給がいくらかというと、日本円で３０００円出しても人が来ないらしく、時給４０００円から５０００円。ちょっと衝撃でした。

というのも、アメリカでは新型コロナウイルスの感染拡大を受け、多くの人が職を失いました。職を離れて地方に逃げ出した人も多かったようです。

そこで、アメリカ連邦政府や州は国民の生活救済と景気刺激策として現金給付を実施しました。日本は１人あたり10万円だけでしたが、アメリカの場合は連邦政府だけで３回にわたってざっと40万円以上を支給しています。それ以外にも、失業保険については州が出す通常の給付のほかに連邦政府が上乗せをするという手厚さです。別に働かなくても、働くよりも多くの収入が得られるような状況になっていたのですね。

そんな状況ですから、コロナ明けで「お客さんが戻ってきたから働きに来て」と頼んでもなかなか来てくれない。結果的に雇う側はどんどん時給を上げざるを得ない。給料をたくさん払わなければならないのでコストが上がる。それを反映して商品価格やサービス料が上がるということが起きていました。

ニューヨークのような高給取りが多い場所では、インフレになっても支持政党を変えることはなかったようです。しかし、そう給料の高くない地方の人たちにすればバイデン政権に不満を募らせて、今回は共和党に入れた人も少なくなかったでしょう。

ここにも、アメリカの分断を感じてしまいました。

## ■アメリカの世論調査が当たらないわけ

ちなみに、アメリカの世論調査と日本の世論調査はまったく違います。日本の場合は「全国紙」と呼ばれる新聞があります。朝日、読売、毎日で、この3社は全国に拠点を持っています。しかしアメリカの場合、日本のように圧倒的な規模を誇る全国紙はありません。ニューヨーク・タイムズはニューヨークの地方新聞であり、ワシントン・ポストはワシントンの地方新聞です。**アメリカには全国紙が存在しないのです。**

以前は「USAトゥデイ」が一応、アメリカ50州すべてで販売されていて全国紙をうたっていたのですが、現在はペラペラのタブロイドになってしまい全国紙の体をなしていません。したがってどこのメディアも全国のそれぞれの選挙区で、どちらが勝ちそうかという綿密な世論調査をまったく行っていないのです。ざっくりと州レベルで世論調査をしているだけですから、選挙区ごとの当落予想はあてになりません。

**放送局も日本のNHKのような全国放送局はありません。**ＣＢＳやＮＢＣ、ＡＢＣはいずれもニューヨークに本社があり、直営局は全国に3つないし4つしかありません。あとの地方局とはネットワークを組んでいますが、まったくの別会社ですから共同で何かをしようということはありません。結果的に世論調査が非常に「当たらないもの」になっているのです。

**日本のメディアとアメリカのメディアはまったく違うということを知ったうえで、日本で報道されるアメリカ発のニュースを見る必要があります。**確かに「インフレで民主党のバイデン大統領がピンチ」という局面もありました。でも争点はもっとほかにあり、今回は民主党が大負けするどころか、実際は民主党に追い風が吹いたのです。

## ■アメリカ中間選挙の争点となったもの

日本にいるとなかなかわからないのですが、今回のアメリカ中間選挙の**最大の争点は、「人工妊娠中絶の是非」**でした。

アメリカでは1973年に当時の連邦最高裁判所が人工妊娠中絶の権利を認めました。やむを得ない場合は「人権として認める」という判決を出したのです。その結果、アメリカでは人工妊娠中絶は違法ではないということになっていました。

ところが2022年の6月24日、アメリカの連邦最高裁判所は約50年ぶりに、「女性の人工妊娠中絶は連邦憲法が認めた権利ではない」と、1973年の判断を覆しました。過去の判決を否定したわけです。

アメリカの、特に共和党支持の保守的な層は、「胎児の命は神から与えられたもの。人間の都合でその生命を絶ってしまうことは許されない」と思っています。そういう人たちが「人工妊娠中絶は禁止すべき」と強く要求していたのです。

アメリカの連邦最高裁判所の裁判官は9人です。日本の場合は定年がありますが、アメリカの場合は終身制で、いったん裁判官になれば、弾劾されたり、本人が辞任したりしない限り死ぬまで務めることができます。

裁判官を指名するのは大統領です。ドナルド・トランプ政権の時代、裁判官が引退したり死んでしまったりして、空きができました。**トランプは共和党寄りの保守的な、つまり「中絶は絶対に認めない」という主張を持っている裁判官を指名しました。**大統領の指名を受けると、その人事を認めるかどうかの承認は連邦議会の上院が行います。当時は共和党議員が上院の多数を占めていたので、トランプの思い通りになりました。

結果、アメリカの連邦最高裁判所の9人の判事のうち、6人が共和党任命、3人が民主党任命となったのです。宗教的には、9人のうち6人がカトリック。カトリックは人工妊娠中絶や避妊について否定的です。個人的な宗教観も影響して、過去の判決が覆りました。「人工妊娠中絶は憲法が保障する権利ではなく、認めるかどうかは各州の議会が決めるべきである」という判決をだしたのです。

それによってアメリカの各州は、州法で中絶を禁止することができるようになりました。共和党が多数を占めている州議会では、「絶好のチャンス」というわけで、妊娠中絶を完全に禁止する州が出てきました。

連邦裁判所の9人の判事のうち6人がカトリックというのは、どう考えてもバランスが悪すぎます。アメリカ国民の人口は約3・3億人ですが、そのうちカトリック信者の割合は23・2％なので、国民の世論と食い違った判決が出てしまいます。

最高裁判決が出た後、全米でデモが起き、やむを得ない妊娠中絶は女性の権利として認めるべきだという民主党の支持者と、認めるわけにはいかないという共和党の支持者の間で対立が起きていました。

「中絶の権利を認める州」と「厳しく禁止する州」で分断されているのです。

## ■民主党の踏ん張りのエネルギー源は女性

しかし今回、アメリカへ取材に行ってみてわかったことは、共和党の支持者の女性にも「中絶するかどうかは個人の自由であって、お上に言われたくない」という人たちがけっこういるということです。

最高裁の判事は上院の承認が必要になるため、人工妊娠中絶は上院の選挙の争点になります。

アメリカの場合は投票の前には有権者登録をしなければなりません。今回の有権者登録では、女性が非常に増えたといいます。

「自分のイデオロギーや宗教観を他人に押し付けるのはやめてもらいたい」、「中絶の権利を認めてほしい」という女性が、**「中絶の権利を大切にするべきだ」と主張している民主党に投票するため、有権者登録をしたのではないかと見られています。**

事前の予測では、共和党が地滑り的に勝利する、「レッド・ウェーブ」（共和党のシンボルカラーが赤だから）が起こるといわれていましたが、上院は民主党が僅差《きんさ》で勝利し、定数１００の連邦上院で、51議席と多数派を確保。一方、下院は共和党が過半数を奪還しましたが、それほど増えたわけではありませんでした。

自由を大切にするアメリカ人。**妊娠中絶を認めない共和党に、ＮＯを突き付けようと**

**する女性たちの怒りによって、「民主党が意外に善戦した」といえそうです。**

## ■「トランプの終わりの始まり」が始まった

もう1つの争点は「トランプ前大統領」です。今回の中間選挙を取材して感じたのは、**中間選挙で負けたのはトランプなのではないかということ。**なぜなら、トランプの支援を受けた共和党候補が、選挙であまり振るわなかったからです。

アメリカでは、現職の議員がいても選挙の前には必ず予備選挙をして候補者を選びます。日本は現職の議員がいれば、その人がそのまま候補者になることが多いですが、**アメリカの場合は共和党も民主党も選挙の前にそれぞれ予備選挙をして、候補者を誰にするか決めるのです。**

今回、共和党はトランプ前大統領の支援を受けたトランプ支持者が、予備選挙では次々に勝利しました。その候補者の中には「大統領選挙ではトランプの票が盗まれた。

バイデンは大統領じゃない」と異議をとなえる人物や、「アメリカの選挙制度は信用できない」などと極端な主張をする人物もいました。

彼らは共和党の中の予備選挙の段階では勝てましたが、一般の有権者が参加する一般投票となると事情は異なります。

「共和党が大勝する」との観測が広まると、バイデンは反撃に出ました。民主党の支持者や、トランプに同調しない共和党支持者、無党派層に対して、「トランプを支持する共和党候補が当選することは、民主主義の危機だ」と、**〝反トランプキャンペーン〟を張ったのです。**

記録的なインフレに対する批判をかわすためでもあったのでしょうが、**トランプ派の候補者などを名指しし「民主主義の危機」を争点とする選挙戦略**を掲げてきました。

「バイデンは好きではないけれど、トランプ支持の極端な人たちはやっぱり選びたくない」と思った人が意外と多かったのですね。風向きが変わりました。選挙戦終盤でバイデンの作戦が功を奏したといってもいいでしょう。**要は、トランプが「敗北」したのです。**

## ■史上最も弱い下院議長？

思った以上に民主党が健闘したアメリカの中間選挙。結果は上院（定数100）が民主党51、共和党49となりました。ただし、選挙が終わった後、民主党議員1人が民主党を辞めて無所属となったため、現在は民主党50、共和党49となっています。もし仮に無所属となった議員が採決で共和党に同調しても、上院は副大統領が上院議長を兼務するので、採決で同数となった場合、カマラ・ハリス副大統領（民主党）が最後の1票を投じることができるため、**上院は民主党が主導権を維持できるのです。**

下院は共和党が多数派を奪還し、435議席のうち共和党が222議席を占めました。しかし、勝った共和党内に亀裂が走っていました。いつまで経っても議長が決まらなかったのです。

議長に選ばれるには、435議席の過半数にあたる218票が必要です。**共和党は222議席を持っているので、本来ならすんなり共和党候補が当選するはずでした。**しかし結果は共和党の中から21人が造反し、党が決めたケビン・マッカーシー候補に投票しなかったのです。21人はトランプを支持する極右政治家たち。マッカーシー議員が頑強な右派政治家ではないというのが理由でした。

何度も説得を繰り返すものの、かたくなに拒否する党内のトランプ派。かといって右派が218票を集められる候補者を擁立するのも困難で、マッカーシー議員は多くの面で右派強硬派の影響力が強まるよう譲歩し、**なんと15回目の投票でやっと当選となりました。共和党内の深い対立が浮き彫りとなった格好です。**「南北戦争以来の分断」といわれています。

## ■トランプ、大統領経験者として初の起訴

トランプは、中間選挙直後に**2024年のアメリカ大統領選挙に立候補を表明**しました。他の候補が立候補を発表する前に機先を制したのです。ところが2023年3月末、全米を揺るがす発表がありました。**ニューヨーク州マンハッタン地区の大陪審がトラン**

**プ前大統領の起訴を決めたのです。**これに対し、トランプ前大統領は激怒。民主党に対して「とてつもない政治的弾圧だ」と反発しています。

検察が起訴したのに、どうして民主党を非難するのか、という疑問を持つ人がいるかもしれません。これが、アメリカのアメリカらしいところなのです。今回、トランプの起訴を決めたのは、ニューヨーク州マンハッタン地区の大陪審です。この大陪審に検事が起訴するかどうかの判断を委ねていたのです。

アメリカの司法制度は日本とまったく異なるので、まずは日本の司法制度のおさらいから始めましょう。

**日本では、容疑者を起訴するかどうかは検察官に一任されています。**その検察官は国家資格の司法試験に合格して検察官として採用された人物です。検察官が起訴すると裁判が始まり、原則として軽微な犯罪なら裁判官1人、重大な刑事事件なら3人の裁判官と一般から選ばれた6人の裁判員が合同で有罪か無罪かを判断して判決を言い渡します。

**これに対してアメリカは陪審員による裁判**であることは、日本でもよく知られていますね。**一般の有権者から選ばれた陪審員（地域によって人数は異なるが、多くの場合12人）**

**が有罪か無罪かを判断します。**これが「評決」で、有罪となった場合、裁判官が量刑を決めます。ただし地域によっては、陪審員が刑期まで言い渡すこともあります。州によってルールが異なるのです。

**でもアメリカの裁判が、すべてこの形式で実施されているわけではないことに注意してください。**容疑者が罪を認めた場合には、裁判官だけの法廷で判決が言い渡されます。陪審員の出番はありません。容疑者が容疑を否認していても起訴され、本人が「陪審員裁判にしてくれ」と要求して初めて実施されるのです。だから陪審員たちが「被告は無罪か有罪か」と悩むシーンが映画やドラマになります。

ところが、**この陪審員にも「大陪審」と「小陪審」があるので、ややこしいのです。**いわゆる「陪審員裁判」の場合は「小陪審」です。評決は全員一致でないと成立しません。有罪か無罪か陪審員の間で判断が分かれて決められなかった場合は、あらためて陪審員を選び直すルールになっています。全員一致でないと成立しないので、人数は奇数にする必要はありません。

ところが**今回のトランプの場合は「大陪審」**なのです。大陪審と聞くと、「重大な事件だからなのか」と勘違いしそうですが、そうではありません。単に陪審員の人数が多いからそう呼ばれているだけです。大陪審は、そもそも検事に代わって問題の人物を起訴するかどうかを判断します。検事の判断に任せず、主権者である国民が判断するというわけなのです。今回もマンハッタン地区の検事が、「起訴するかどうか判断してください」と証拠を示して大陪審に頼んだのです。大陪審の人数はニューヨーク州法によると、「16人以上23人以内」と決まっています。今回は23人でした。

起訴するかどうかは全員一致である必要はありません。多数決で判断されます。有罪かどうかは裁判で決まるので、この段階では「疑いが強い」というレベルでいいというわけです。ただし多数決というのも、過半数ではなく3分の2ないし4分の3の多数でなくてはならない場合もあります。

大陪審のメンバーも一般の有権者から選ばれます。誰が選ばれたかは秘密にされます。裁判は公開が原則ですが、大陪審での審理は非公開です。陪審員たちが静穏な環境で冷静に判断できるようにするためです。

今回のトランプ前大統領の容疑は、２００６年にポルノ女優と不倫をし、これが

２０１６年の大統領選挙中に暴露されそうになったため、女優に口止め料として13万ドル（現在の日本円で約１７００万円）を払ったというものです。といっても、不倫が問題になっているわけではありません。**トランプがこの口止め料を、帳簿をごまかして事業費として計上したという疑惑です。**実際の支払いを代行した当時のトランプの弁護士は、事実を認めて有罪が確定しています（すでに刑期終了）。

しかし、トランプ氏は、支払いは認めたものの「女優と関係は持っていない」と主張。「女優が脅すので黙らせるために支払った。支払いの原資は自分の金だ」と主張しています。

この問題を捜査していた検事は、捜査で収集した証拠や証言を陪審員に示して起訴するかどうかを判断してもらったというわけです。

## ■民主主義の仕組みが、政治的な分断を生むという皮肉

ただし、**ここで問題をややこしくしているのは、この検事が民主党員で、選挙で選ば**

大統領経験者では初！
トランプが起訴された
容疑
ポルノ女優への口止め料を
政治資金から払い、
その帳簿をごまかしていた
という容疑
"起訴"と
判断したのは
大陪審
トランプ被告人
裁判
大統領選挙への影響は…
完全に無実
民主党による
魔女狩りだ！
起訴によって
逆に支持率が
高まった

**れているということです。**ここが日本とは大きく異なります。選挙で選ばれるということは、次の選挙でも当選できるように有権者の歓心を買う捜査をする可能性もあります。そこで起訴するかどうかは有権者の代表の陪審員が判断するというわけです。

ニューヨーク州マンハッタンといえば民主党支持者が多い場所。ここで大陪審の陪審員を選べば、陪審員の多くも民主党支持者になる可能性が高くなります。そこでトランプも支持者も「政治的弾圧だ」と反発しているのです。**すべてを選挙で決めるという民主主義の仕組みが、政治的な分断を生むのです。**

トランプ前大統領が起訴されたとなると、私たちはつい、「これでトランプは不利になるのでは」と思ってしまいますが、どっこいトランプ支持者は違います。「私たちのヒーローが、民主党によって迫害を受けている。いまこそトランプを守らなければ」という発想になるのです。**起訴が報道された直後に、共和党支持者の中でトランプ支持率が上昇したのです。トランプ起訴は、意外にもトランプ有利に働くかもしれません。**

起訴された人物あるいは有罪になった人間が大統領選挙に立候補できるのかと思う人もいるかもしれませんが、アメリカの憲法には被告人あるいは有罪判決を受けた者が立候補することを禁じる条文がありません。**なので立候補はできるのです。**

さて、2024年11月の投票まで、どんな動きが起きるのでしょうか。今回もまたトランプの言動から目が離せません。

## ■頭角を現す〝賢いトランプ〟デサンティス

トランプ以外の大統領選挙の候補者はいるのか。ここでにわかに**注目されているのが、今回フロリダ州知事に当選したロン・ディオン・デサンティスです。**トランプ前大統領の後継者と位置付けられていましたが、2024年の大統領選挙ではトランプに代わって共和党の大統領候補になるべきだという声が高まっているのです。

**アメリカのメディアは彼を〝賢いトランプ〟という言い方をしています。**イエール大学を卒業後、ハーバード大学ロースクールに入学し、法学博士号を取ったエリート。さらにロースクール修了後に海軍に入隊し、海軍特殊部隊のリーガル・アドバイザー（法律顧問）としてイラクに派遣された経験もあります。軍の経験があるとアメリカでは、

「愛国者」として高い評価を受けるのですね。

まだ40代と若く、トランプ同様、保守強硬派で、たとえば不法移民が入って来たら「バスに乗せてニューヨークへ追い出す」と発言して、実際にやってしまったのです。「ニューヨークなどの民主党の政治家は不法移民に厳しい態度をとらない。困っているのは、我々メキシコ国境沿いに住む住民だ。自分の問題として受け止めろ」というわけだったのです。またそれが共和党の支持層から受けているのです。

おまけに彼は反マスク、反ワクチン、中絶反対の立場で、まさに「ミニトランプ」ともいえるのですが、なぜ〝賢いトランプ〟と呼ばれるかというと、トランプのように差別語を使ったり、下品な言葉を使ったりしないからです。

彼はトランプの支持を受けてフロリダ州知事に当選したので、自身はトランプ批判を控えています。ところが、トランプはデサンティスのことを「聖人ぶったロン」などと口撃し始めました。

フロリダでパーティを開くとき、州知事のデサンティスを呼ばなかったことが、地元で話題になりました。

"賢いトランプ"
デサンティスはどうなるか？
ロン・ディオン・
デサンティス
現フロリダ州知事
「トランプに代わって
共和党の
大統領候補に」
と期待する声が
高学歴
軍経験
40代と若い
保守強硬派
（反不法移民、
反ワクチン、
反中絶）
トランプは
ライバルとなる
デサンティスを口撃
フロリダ州
弱点
真面目すぎておもしろみがない

つまり、ものすごく彼を意識しているということです。

## ■新星デサンティスの弱点

ただし、急に注目されたためメディアがいろいろと調べ始めると、彼はある高校で1年間教えていた過去を隠していたことが明らかになりました。当時の教え子たちを取材に行ったメディアによると、「教え方が下手でつまらなかった」のだとか。

アメリカの大統領候補には「人間的な親しみやすさ」も求められます。2000年の大統領選挙では、共和党のジョージ・W・ブッシュ・テキサス州知事（息子のブッシュ）が民主党のアル・ゴア副大統領との大接戦を制しました。「一緒にビールを飲みたいのはどちらか」という問いには、ブッシュを選ぶ人が多かったというわけです。ゴアはあまりに真面目すぎておもしろみがなかったのでしょう。

アメリカ国民がそのレベルでブッシュを選んでしまったため、アフガニスタン紛争やイラク戦争、リーマン・ショック対策で大変な目に遭ったのですが。デサンティスの弱点は、エリートだけど人間的につまらないこと。演説もあまり得意なほうではないらしく、テレビ討論会では対立候補に論破されて黙り込んでしまったりしています。トランプと討論会で一騎打ちになったら、コテンパンにやられてしまいそうです。

当のデサンティスは、大統領選挙に出る気があるのか。フロリダ州知事の任期は4年です。デサンティス知事は2022年の選挙中、対立候補から「知事に当選したら4年間務めると約束したらどうだ」と詰め寄られたのに、首を横に振って明言を避けました。**明らかに2年後の大統領選挙を視野に入れているのです。**

世界で超有名人となったイーロン・マスク氏は、2024年の大統領選挙にデサンティス知事が立候補する場合は、彼を支持するとの意向を示しています。

## ■トランプへの捜査、別件でも続く

トランプといえば、ポルノ女優への口止め料の支払い以外にも、検察の捜査を受けています。アメリカ連邦議会襲撃事件で議会襲撃をそそのかした疑惑や、2020年の大統領選挙後にジョージア州の担当者に「自分が勝てるだけの票を見つけろ」と不正を働きかけた疑惑、機密文書を大統領退任後に自宅に持ち出した容疑です。

アメリカ連邦議会襲撃事件とは、2021年1月6日、前年の大統領選挙の結果を覆そうと、トランプ支持者らが連邦議会議事堂を襲撃した事件です。

事件後、下院の特別委員会は、暴動の扇動などでトランプ前大統領を刑事訴追するよう司法省に勧告することを決議しました。

委員会としては1月に解散させられてしまうことがわかっていたので、司法省に「4つの罪での刑事訴追を求める」として、委員会の役割を終えています。

その最終報告書を見ると、トランプは大統領選挙で不正投票があったと虚偽の情報を拡散し、結果を覆すためにホワイトハウスの前で「みんな議会へ行け、俺も行くから」と群衆を扇動し、自らも議会へ行こうとしていたというのです。大統領を警護するシークレットサービスから「危険ですから止めてください」と制止され、仕方がないので自分はホワイトハウスへ戻ったそうです。

側近や長女のイヴァンカが、とにかく「あの暴動を止めさせてほしい」と頼んでも、一切受け入れることはなかったと証言されています。
この問題で司法省が捜査を続けています。

## ■アメリカにも「忖度」が存在するのか？

トランプが大統領のとき、ロシア疑惑（2016年のアメリカ大統領選挙にロシアが干渉したのではないかとされる疑惑）をめぐって特別検察官が最終報告書を出しました。そのとき、いろいろな事実はあるものの、**「現職の大統領は訴追しない」という伝統に従って訴追しません、と言いました。**つまりトランプは犯罪者だと言っているのですが、「伝統に従って訴追しません」でおしまい。

今回の議会襲撃事件でも、実は司法省は頭を抱えています。これが一般の人だったら訴追できるところですが、「大統領だった人を訴追できるのか」という思いと、民主党による党派的な魔女狩りだと言われるのを恐れているのです。

**アメリカの大統領とは、国家元首です。**国家元首とは神聖な存在。国家元首を逮捕するというのは「アメリカを逮捕する」ようなものなのですね。トランプではなく、「アメリカ大統領」を逮捕できないのです。

アメリカでは、大統領に対する尊敬、敬意は絶大です。だからトランプが議会で演説をしてもヤジは飛びません。かつてバラク・オバマが大統領のとき、共和党の議員がオバマに対してヤジを飛ばして袋叩《ふくろだた》きに遭いました。アメリカにとっての大統領とは、そういう存在でもあるということです。

**しかし今回、ニューヨーク・マンハッタンの大陪審が起訴を決めました。**これで続いての起訴が容易になったと司法省が判断するかどうか。こちらの捜査もまだ続きます。

## ■共和党のジレンマ、1992年の分裂再び

こんな事態の下で、トランプ前大統領が2024年の大統領選挙へ向け始動しました。バイデン民主党から政権奪還を目指す共和党。**しかし共和党分裂の気配は強まっています。**

共和党の候補者になるためには、2024年夏に開催される共和党の党大会で選ばれなければなりません。その前に2024年1月から州ごとに党大会に出席する代議員選びが行われます。ここで有力なライバルが名乗りを上げたら、どうなるのか。

アメリカの共和党支持者に、「トランプを次回の大統領選挙でも支持しますか?」と聞くと、「好きだけど、次の選挙に勝つと、4年後には82歳になるから……」と言葉を詰まらせる人がけっこういます。そろそろ若手に譲ってはどうかというわけです。

トランプは巻き返しを図ろうと画策し、何をやってくるかわかりません。もし共和党の候補者指名争いに敗れたら、トランプは党を飛び出し「共和党をぶっ壊してやる」と無所属で立候補する可能性も考えられます。そうなると厄介です。

**トランプが無所属で立候補すると、共和党の票が割れるからです。**

1992年の大統領選挙では、民主党の新人、ビル・クリントンが共和党の現職だったジョージ・H・W・ブッシュ大統領(パパブッシュ)を破りました。現職有利といわれるアメリカ大統領選挙でクリントンが勝てたのは、テキサス州の保守系の大富豪ロス・ペロー氏が無所属で立候補したことが大きいのです。共和党支持者の票が割れてしまい、結果的に漁夫の利を得たクリントンが当選しました。

**トランプが独立系候補として立候補したら、支持者の票は割れ、共和党は絶対に勝てません。**そこで共和党は、「党の候補者になろうとする者は、結果がどうであれ党大会の結果に従うこと」と約束するように求めていますが、トランプが守るかどうか。**それがいまの共和党のジレンマです。**

## ■バイデンも立候補を表明

一方の民主党は、**現職のバイデン大統領が2023年4月、2024年秋の大統領選挙への立候補を宣言しました。**しかし実際はわかりません。というのも、もし、いまの段階で「出ません」と言ってしまうと、いきなりレームダック状態になり、求心力を失ってしまうからです。

バイデン大統領は2023年11月で81歳。傍目《はため》にも老いを感じさせ、次の大統領選挙に出馬するのかどうかは疑わしいのですが、**ぎりぎりまで「出る」と言い続けるしかな**

# バイデンは
# 次の大統領選挙に出馬表明！

アメリカ合衆国の運転手を続けるのか？免許を返納するのか？

次の大統領選挙
出馬を表明
免許更新します
今運転している時に
免許返納しますとは
言えない…
障壁となりそうな問題
• 次男のビジネス関連の疑惑
• 機密文書持ち出し問題
バイデン
大統領
• 2023年11月で81歳
THE
USA

**いのです。**そうしないとみんながついてこなくなり、大統領としての職務を遂行できなくなります。とはいえ、２０２４年に入った段階で、後進に道を譲る可能性はあると思います。

ただ、バイデンにも疑惑があります。バイデン大統領の次男、ハンター・バイデンが、ウクライナや中国の企業から多額の報酬を受け取ったというのです。

今後は共和党が主導権を握った下院で調査委員会をつくり、徹底追及が始まるでしょう。トランプの連邦議会襲撃事件の委員会が解散されて、今度はバイデン親子の疑惑を追及する委員会がつくられる。

そのほかにも、バイデン大統領は、機密文書の持ち出し問題も批判されています。バイデン大統領が副大統領だった当時の機密文書が、私的な事務所から見つかったというのです。

これから2年間、議会はバイデンの疑惑をずっと追及することになります。攻撃を受け続けるバイデンは、大統領選挙への出馬をあきらめざるを得なくなるかもしれません。**民主党内からどれくらい批判が出てくるかもポイントです。**

## ■インフレの種を蒔いたのはトランプ？

インフレに対する不満にもバイデン政権は悩まされています。しかし**インフレの種を蒔《ま》いたのはトランプ前大統領ではないかという側面もあるのです。**

トランプ政権時代、アメリカの中央銀行にあたるFRB（連邦準備制度理事会）がインフレを未然に防ぐために利上げをしようとすると、トランプ大統領は「利上げは好ましくない、市場への感度が鈍い」とジェローム・パウエルFRB議長を批判し、とにかく景気対策をしろと圧力をかけ続けました。これまではアメリカの大統領が、FRB議長に圧力をかけることなどありませんでした。

**トランプが圧力をかけた結果、FRBがインフレ抑制に出るのが遅れたとの見方もあります。**FRBの独立性を脅かしたトランプが、結果的にインフレの種を蒔いた側面があるのです。

さらに米中貿易摩擦で、トランプは対中制裁関税を発動し関税を強化していきました。

アメリカで中国製品が値上がりし、これが物価高に拍車をかけました。あくまでトランプは「バイデン政権の責任だ」と強調していますが。

アメリカ中間選挙の結果、大統領の政党が民主党で、**上院は民主党、下院は共和党と、多数派の政党が異なる「ねじれ議会」となりました。**バイデン大統領は政権運営が難しくなります。

とりわけアメリカによるウクライナ支援に影響が出るかもしれません。共和党議員の中には「アメリカはウクライナに金を使い過ぎている。もっとアメリカ国民のために使うべきで、ウクライナへの支援は止めるべきだ」と言い出している人がいるのです。さすがに共和党主流派は「ウクライナを支援することは民主主義を守ることであり、支援は継続すべきだ」と反論していますが、トランプも「自分が当選したらウクライナへの支援を止める」と言っています。

トランプは大統領時代からロシアを擁護する発言を繰り返し、ロシアがウクライナに軍事侵攻する直前まで「プーチン大統領は天才だ」とほめちぎっていました。もし、2024年の大統領選挙で**トランプ再選となると、ウクライナには極めて厳しい状況に**

**なりかねないのです。**

アメリカ国内の選挙の結果が、ウクライナ戦争の行方にも影響を与えるのですね。

# 第2章

# 〝ならず者国家〟ロシアをどうする

## ■「宗教戦争」としてのウクライナ戦争

2022年2月、ロシアがウクライナに侵攻したとき、イギリスのBBC、あるいはアメリカのCNNの記者は、キーウ（キエフ）に留《とど》まって中継をしていました。

彼らのバックには、ウクライナ正教会の教会の建物が映っていました。金色のネギ坊主のようなとんがり屋根の建物です。欧米の視聴者にとって、「ウクライナといえば、この映像だ」というイメージがあるから選んだのでしょうか。彼らは宗教のことをよく理解していました。当時は「ロシア正教会の管轄下に留まっているウクライナ正教会」の教会の前から中継をしたのです。ここなら絶対にロシア軍から攻撃されないと判断したわけです。

**今回の戦争の背景には、ロシアとウクライナの宗教問題も横たわっています。**まずはそのことを解説しましょう。

2023年1月に入って、ロシア側がウクライナに対して「クリスマス休戦」を呼び

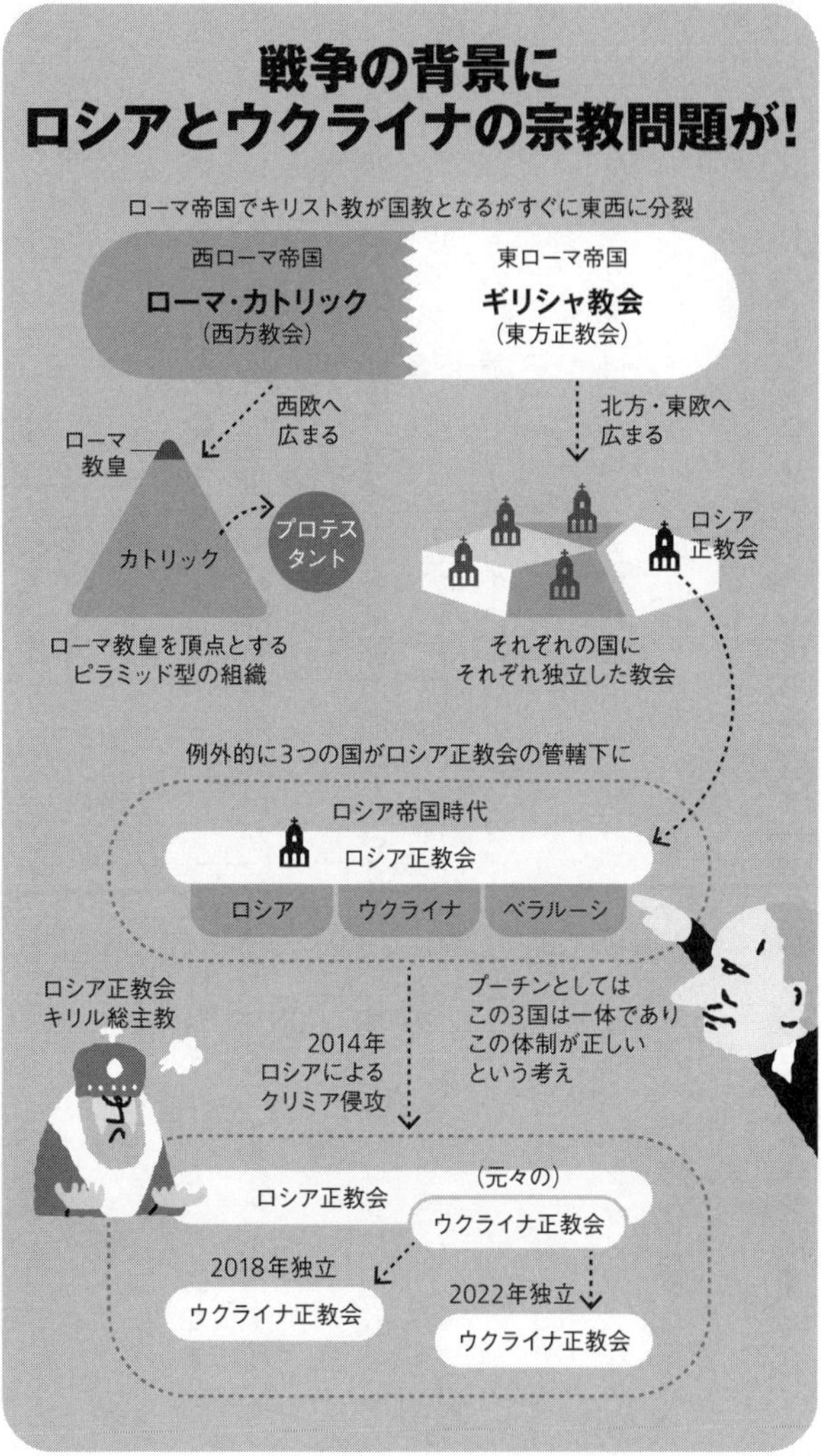
戦争の背景に
ロシアとウクライナの宗教問題が！
ローマ帝国でキリスト教が国教となるがすぐに東西に分裂
西ローマ帝国
ローマ・カトリック
（西方教会）
東ローマ帝国
ギリシャ教会
（東方正教会）
西欧へ
広まる
北方・東欧へ
広まる
ローマ
教皇
カトリック
プロテスタント
ロシア
正教会
ローマ教皇を頂点とする
ピラミッド型の組織
それぞれの国に
それぞれ独立した教会
例外的に3つの国がロシア正教会の管轄下に
ロシア帝国時代
ロシア正教会
ロシア
ウクライナ
ベラルーシ
ロシア正教会
キリル総主教
プーチンとしては
この3国は一体であり
この体制が正しい
という考え
2014年
ロシアによる
クリミア侵攻
ロシア正教会
（元々の）
ウクライナ正教会
2018年独立
ウクライナ正教会
2022年独立
ウクライナ正教会

かけました。ニュースを聞いて、「あれ？」と思った人も多かったのではないでしょうか。ロシアのクリスマスは12月25日ではなかったんだ、と。

私たちがいま使っているグレゴリオ暦では12月25日がクリスマスですが、ロシア正教においてはユリウス暦を使います。普段の生活はグレゴリオ暦を使っているのですが、教会は昔のまま。**グレゴリオ暦における12月25日が、ユリウス暦にすると1月7日になる**というわけです。

ロシアが占領しているウクライナ東部の地域というのは、基本的にロシア正教の信者が多いので、ウラジーミル・プーチン大統領は1月にクリスマス休戦を呼びかけたわけです。しかしその提案を、ウクライナのウォロディミル・ゼレンスキー大統領は拒否しました。

これはプーチン大統領がロシア正教の信者に向けて「ウクライナはクリスマスを大切にしない。神を信じていないのか。許しがたい連中だ」というふうに思わせるための、戦略だったのではないかという見方もあります。

実は、**ロシアによるウクライナへの軍事侵攻は、宗教戦争の色彩が非常に濃い**ということです。

## ■ロシア正教会はこうして生まれた

ここで「ロシア正教」とは何か。おさらいしておきましょう。

世界史で必ず登場するローマ帝国。当初はキリスト教を認めませんでしたが、次第に信者が増えてきたことから、西暦313年に公認し、西暦392年、テオドシウス帝がキリスト教を国教とします。しかし皇帝は3年後に死去し、**ローマ帝国は東西に分裂。これに伴い、キリスト教も東西に分裂しました。**

西ローマ帝国のキリスト教は、ローマ・カトリック（西方教会）です。その後、時間をかけてヨーロッパ全土に広がっていきます。やがて、宗教改革が起こり、プロテスタントと分裂します。

一方、東ローマ帝国（のちにビザンツ帝国。首都＝コンスタンティノープル）は、ギリシャ正教（東方正教会）からスタートし、北（東欧など）に影響力を広げていきました。

当初は拠点が異なるだけで1つのキリスト教だったローマ・カトリックと東方正教会ですが、両教会は対立が激しくなり、11世紀になると**お互いがお互いを破門するという形で分裂し、別の道を歩みます。**

ちなみにカトリックとは「普遍的」という意味で、**西のローマ・カトリックは、ローマ教皇を頂点とするピラミッド型の組織**となっています。世界のカトリックの信者は、みんなローマ教皇に従わなければなりません。

一方、「正教」とは、「オーソドックス＝正しい教え」を意味します。東方正教会では、各国の教会は対等です。国ごとにおのおの独立した教会をつくり、それぞれの国に総主教がいます。**全体を統括するようなトップはいないというのが東方正教会の特徴**です。とはいえ、筆頭格は、歴史的な経緯からギリシャ正教発祥の地のコンスタンティノープル総主教となります。

東方正教会はギリシャ正教会から始まり、アルメニア正教会、グルジア（ジョージア）正教会、セルビア正教会と、それぞれが独立した教会をつくっていきました。

ところが例外があるのです。**ロシアとウクライナとベラルーシは、3つがまとまって**

**ロシア正教会の管轄下に入ります。**そして、ロシア正教の総主教が3カ国のトップになります。ロシア正教会には、正教会における最高位聖職者である「総主教」がいたのですが、ウクライナ正教会、ベラルーシ正教会には総主教がいなかったのです。ワンランク下の階級の「府主教」でした。

## ■ウクライナ正教会は3つに分かれた

ソ連（ソビエト社会主義共和国連邦）が崩壊し、1991年にウクライナが独立を果たすと、ウクライナに独立した正教会をつくりたいという動きが起こりました。しかし、**ロシア正教会の総主教は常にウクライナ正教会の独立を拒否してきました。**

2014年、ロシアがウクライナ南部のクリミア半島を占領すると、独立の気運が高まり、ついに一部の信者が飛び出して、2018年に独立したウクライナ正教会をつくるのです。

さらに2022年2月、ロシア軍がウクライナに侵攻したことによって、クリミア侵攻の段階では飛び出していなかったロシア正教会の下にいたウクライナ正教会の人たちが、また大挙してロシア正教会から飛び出し、新たなウクライナ正教会をつくりました。

2018年にロシア正教会の管轄下から離れたウクライナ正教会は、最も権威を持つコンスタンティノープル総主教庁のお墨付きを得て、総主教を誕生させます。

**結果的にウクライナ正教会は3つに分裂しています。**つまり、①「2014年のクリミア併合をきっかけとして2018年に独立したウクライナ正教会」と、②「2022年のウクライナ侵攻をきっかけに独立したウクライナ正教会」、そして③「いまだロシア正教会の管轄下に留まっているウクライナ正教会」です。

## ■ウクライナ西部は「東方典礼カトリック教会」

一方、ウクライナの西部、キーウよりもっと西寄りのリビウのあたりは、かつてポーランドが占領していた歴史があります。このあたりの人たちは、ポーランドがカトリックだったため、カトリックに改宗しました。お祈りの仕方や教会の形は東方正教会そのままなのですが、ローマ教皇の言うことを聞くカトリック教徒なのです。**この人たちは「東方典礼カトリック教会」という呼ばれ方をしています。**「典礼」とは、つまり東方正教会のお祈りの仕方をそのまま維持しているカトリック教徒という意味です。

カトリック教会のクリスマスは、もちろん12月25日です。したがって、ロシアに対してクリスマス停戦を呼びかけたりしましたが、ロシアは攻撃の手を休めることはしませんでした。

「ロシアはクリスマスにも攻撃を仕掛けるのか」という報道をしていたメディアもありましたが、**ロシアにしてみれば12月25日はクリスマスでも何でもなかった**ということですね。

## ■キエフ公国は滅び、モスクワ公国は大公国に

もともとロシア、ウクライナ、ベラルーシが、ロシア正教会に属することになったきっかけは、これらの国の歴史が関係しています。

ウクライナというのは黒海の北にあります。歴史をさかのぼると、あのあたりに最初に登場するのがキエフです。ドニエプル川のなかほどにキエフという町ができ、そこが貿易で南北に発展し、9世紀、いまのウクライナやロシアなどにまたがる地域に「キエフ公国（キエフ・ルーシ）」と呼ばれる国家をつくるのです。

**ウクライナ人にとってもロシア人にとっても、ルーツがここなのですね。**

この国の指導者がウラジーミル大公でした。プーチンと同じ名前です。彼がギリシャ正教に改宗したことをきっかけに、ギリシャ正教が周辺に広がっていきます。

しかし、キエフ公国は13世紀、モンゴルの襲来を受けて滅び、その後この土地は、長い間モンゴルに支配されることになります。当時のモンゴル帝国は無敵でした。日本にも2回攻めてきましたね。元寇《げんこう》（蒙古《もうこ》襲来とも言う）です。日本はなんとか防ぐことができましたが、陸路で攻めてきたモンゴル軍に、キエフ公国は持ちこたえられませんでした。

モンゴルに支配されたあのあたりは「キプチャク・ハン国」と呼ばれ、支配されたこの時代のことを「タタールのくびき」（モンゴル人に首輪をされた時代）といいます。

キプチャク・ハン国の支配下には、スラブ人による小さな地方政権が散らばって存在していました。キエフ公国が滅びるとき、キエフから東のモスクワ公国へ逃げた人もいます。その後、**モスクワ公国は急成長し、力を蓄え徐々に大きくなり「モスクワ大公国」となります。これがロシア帝国の前身です。**

## ■モスクワは「第3のローマ」キリスト教正教会の総本山に

15世紀になると、ついにモンゴルの支配から抜け出すことに成功します。モスクワ大公国のイヴァン3世が独立を宣言し、「タタールのくびき」を終わらせるのです。ちょうど同じころ、東ローマ帝国（ビザンツ帝国）がイスラム教徒のオスマン帝国によって滅ぼされます。その東ローマ帝国の最後の皇帝コンスタンティノス11世の姪《めい》のソフィアが、イヴァン3世に嫁ぐことになりました。

**東ローマ帝国とは、宗教的にも血統的にもつながったということで、イヴァン3世は自らが「ローマ帝国の継承者」という考えを持つのです。**

ここで、**「ローマは3つある」という考え方が生まれます。**西ローマ帝国という古代ローマ帝国はゲルマン人の侵入で滅びました。これが第1のローマ。そして、東ローマ帝国の首都コンスタンティノープルが第2のローマと呼ばれましたが、東ローマ帝国はオスマン帝国によって滅ぼされます。しかし**第3のローマがある。それがモスクワ大公国だというわけです。**

そして、イヴァン3世は初めて「ツァーリ（皇帝）」の称号を用います。

## ■宗教も文字も、ギリシャから

ロシア正教は、ギリシャ正教から広まったことは解説しました。ロシアの文字はキリル文字といいます。不思議な文字ですね。アルファベットがひっくり返ったように見えます。

これは、ギリシャ正教がロシアに入ってきたとき、ギリシャ文字もいっしょに入ってきたものです。それまでロシアのあたりには文字はありませんでした。

日本もそうですね。かつては文字を持っていませんでした。中国から漢字が入ってきたので漢字を使うようになるのですが、漢字だけだと日本語を表記できなかったので、カタカナやひらがなが生まれました。

ロシアも同じ。ギリシャ文字ではロシア語を十分に表記できないので、キリルという人が、ギリシャ文字をロシア語が表記できるように新しく作り替えたのです。だから「キリル文字」と呼ばれます。

## ■ウクライナはコサック国家に

ロシアはウクライナと一体だと思っているけれど、ウクライナはロシアをどう見ているのか。**ロシア人とウクライナ人では、歴史観が異なります。**

キエフ公国は滅びましたが、ウクライナのあたりではモンゴルの残党と戦う武装集団が生まれ、有名な「コサック」になっていった。これがウクライナ側の史観です。

髪の毛もモンゴル風で、弓矢で戦う騎馬民族。日本でいう武士のような集団があちこちにできました。このコサック国家が自分たちのルーツと考えているのです。

その西では、ポーランドが黄金時代を迎えていました。

16世紀、ポーランドがウクライナの西の一帯まで領土を広げます。ウクライナは無政府状態ですから、簡単に攻め込まれました。ウクライナの西側はほとんどポーランドの影響下に入ります。その後、18世紀にはオーストリア・ハンガリー帝国に帰属した時期もあります。

いずれもローマ・カトリックの国なので、**ウクライナの西側はその影響が残っていて、ロシアからの独立志向が強い地域です。**

考えてみれば、ウクライナが独立国家だったことはほとんどないのです。大国に支配されて、結局自分の国をつくれませんでした。

いまのウクライナの西側はヨーロッパの長い支配があったので、ヨーロッパの宗教だけでなく価値観なども入ってきました。つまり、**同じ国でもそもそも東と西ではまるで別の国のような状況になっていったのです。**

## ■ロシアの一方的な片想い？

　でもプーチン大統領にしてみれば、ロシアとウクライナとベラルーシは同じ宗教を信じるスラブ民族。ソ連が崩壊するとき、どさくさに紛れてウクライナという国がでっち上げられたけれど、**ルーツは同じ兄弟国家だという思いが強くあります。**

　一方で、ウクライナが独立してしまうとロシアにとって困ったことが２つあります。まず、ロシアは広大ですが寒すぎてなかなか穀物が取れません。**暖かい穀倉地帯であるウクライナを自分のものにしておきたい。もう1つは黒海に出たい。**ロシア帝国の時代、ロシアの港は冬に凍ってしまって使い物にならないので、クリミア半島に軍港をつくりロシア黒海艦隊を置きました。クリミア半島へのアクセスが途絶えると、海に出られないのです。

　コロナ禍の２年間、プーチン大統領は孤独な生活の中で、人と会うこともせずロシアの歴史書を読みふけっていたといいます。

ロシアの歴史を振り返ると、あの偉大なロシア帝国の時代、**ピョートル大帝がスウェーデンから現在のバルト3国に相当する地域を獲得し、ロシアをヨーロッパ列強の一員に押し上げました。**

当時、北ヨーロッパの大国はスウェーデンでした。ピョートル大帝はスウェーデンと再三戦い、多くの土地を奪いました。これが「北方戦争」です。フィンランドはその狭《はざ》間《ま》で、スウェーデンに支配されたり、ロシアに支配されたり、翻弄《ほんろう》された歴史があります。

**その後のエカテリーナ2世は、黒海沿いの南側の地域まで領土を広げました。**あのあたりは「ノボロシア」と呼ばれています。ノボとは、ロシア語で新しいという意味です。ロシアの黄金時代を築いたのは、女帝だったのです。

## ■ロシアの憂鬱

ただ、大きくなったゆえの悩みごとも生まれます。また違った視点、「地政学」という考え方でロシアを見てみましょう。地政学とは文字通り地理的な位置によって政治が左右されるということです。

世界地図を見ると、ロシアは広大です。あれだけ領土が広いということは、国境線がとてつもなく長いということです。**あの長い国境線をどうやって守るのか。安全保障上、重大な問題になってきます。**どこから攻めてこられるかわからないのは恐怖でしかありません。

事実、ナポレオン・ボナパルトが攻めてきたことがありました。ドイツも攻めてきた。日露戦争もありました。日本との戦争で、ロシアは大きな打撃を受けています。

安全保障の問題は、明治以降の日本も同様です。明治維新によって急激に国力が大きくなっていく中で、南下しようとするロシアが脅威になってきます。

ロシアの脅威から国を守るために朝鮮半島を日本のものにしよう、あるいはロシアとの緩衝地帯として満洲国《まんしゅうこく》をつくろうと考えます。日本は日本でロシアの脅威にどう備えるかという形で、さまざまな外交戦略を打ち立ててきたのです。

**それぞれの国が、自分の国を守るためにはどうしたらいいかと考える、それが結果的**

**に周囲の国に脅威を与えます。安全保障のジレンマです。**

ロシアは大きいけれど、常に周りの国に攻め込まれないかと怯《おび》えている、いつも緩衝地帯が欲しい。**広いがゆえにとても臆病《おくびょう》な国なのです。**

## ■プーチンの悲惨な原体験

プーチンの個人的なトラウマもあります。プーチンが生まれたのは現在のロシアのサンクトペテルブルク。もともとロシア帝国の首都があったところで、ロシア語で「聖ペテロの街」を意味します。先ほど触れたピョートル（ペテロに由来するスラブ系の名前）大帝が、自分の名前にちなんでつけたといわれています。

ところが1917年、ロシア革命が起きた後、サンクトペテルブルクは西側（ヨーロッパ）に近すぎるということで、モスクワに首都を移しました。そしてサンクトペテルブルクは「レニングラード」（レーニンの街）と名前を変えます。ロシア革命を起こしたソ連建国の父ウラジーミル・レーニンにちなんで改称されました。

長い国境線を
いかにして守るか?
ナポレオン
ナチス・ドイツ
プーチン
長い国境線

ここにドイツが攻めてくるのです。**レニングラードはドイツ軍によって完全に封鎖され、結果的に水や食料、医薬品が一切入って来なくなりました。**すでに生まれていたプーチンの兄は、腸チフスにかかり、薬が手に入らず死んでいます。餓死者が次々に出て、プーチンの母親も栄養失調で死ぬ寸前でした。

大変な犠牲を払ってなんとかドイツ軍を追い出し、ソ連はドイツに勝利します。その後、母親の体調が回復し、プーチン少年を生むことになるのです。

プーチンが生まれたころのレニングラードは廃墟《はいきょ》でした。プーチン少年は、病死した兄のことなど、悲惨な体験を聞かされて育ったはずです。少年時代、「他国の侵略を受けたらいかに酷い目に遭うか」を徹底的に叩《たた》き込まれたのです。

プーチン少年はKGBのスパイになりたいと懸命に勉強し、レニングラード大学に入学します。そこでリクルーターから声をかけられ、晴れてスパイになるのです。

ドイツ語要員として東ドイツのドレスデン支局に配属されたプーチンでしたが、**ベルリンの壁が崩壊すると、あっという間に東ドイツという国がなくなってしまいます。ソ連に戻ったら、ソ連もなくなってしまいました。**

この体験は、いまのプーチン大統領に大きな影響を与えているでしょう。

## ■ソ連が崩壊し、ロシアが「丸裸」に

1991年12月25日に崩壊したソ連とは、**15の共和国による連邦国家**でした。ソ連を構成していた15の共和国の名前をすべて言えるでしょうか？　現在の国名で①ロシア、②ウクライナ、③ベラルーシ、④ウズベキスタン、⑤カザフスタン、⑥ジョージア、⑦アゼルバイジャン、⑧リトアニア、⑨モルドバ、⑩ラトビア、⑪キルギス、⑫タジキスタン、⑬アルメニア、⑭トルクメニスタン、⑮エストニア。

さらに、第2次世界大戦中に、ドイツを打ち破ったソ連は、ドイツに占領されていた東ヨーロッパの国々を、次々に解放しました。東ヨーロッパにとって、ソ連は「解放者」だったのです。この意識を利用して、ソ連は東ヨーロッパの国を次々に自分の言うことを聞く国にしていきました。こうして東西冷戦が始まります。

**東西冷戦時代、当時のソ連を守るための「緩衝地帯」として東ヨーロッパの国々を押**

**さえつけていたのです。**ただ、その後、ソ連は経済が停滞し、資本主義国との間で成長力の差が広がってしまいました。東ヨーロッパの国々は、ソ連から離れて西側へ行きたいと思うようになります。

1989年、ベルリンの壁が崩壊すると、ソ連も崩壊してしまいます。

東西冷戦時代は、ソ連の外側に東ヨーロッパという緩衝地帯があったのですが、それがなくなった。それでもソ連という連邦国家が残っていればロシアは安心できたのですが、**ソ連が崩壊すると15の国も次々に独立したため、ロシアが丸裸になってしまいました。これはプーチン大統領にとって、地政学的な大惨事でした。**

もしウクライナがNATO（北大西洋条約機構）に入ってしまったら、**ロシアの目と鼻の先に西側の軍が駐留するかもしれない。**

東ヨーロッパの国々がNATOに加盟するのは渋々認めざるを得なかったのですが、同じソ連だったウクライナ、あるいはジョージアがNATOに入るのは許しがたい。**ロシアの安全保障のためにも中立国、あるいは緩衝地帯としてつなぎ止めておきたいのです。**

## ■NATO解体を遠のかせたユーゴスラビア内戦

それなのに**NATOの加盟国が増えてどんどん東側に拡大してくる。**

東西冷戦時代、ヨーロッパは西側が「NATO」、東側が「ワルシャワ条約機構」という軍事同盟を結成し、両陣営がにらみ合っていました。直接の武力衝突はしないということで「冷戦（冷たい戦争）」と呼ばれました。

NATOは旧ソ連や旧東ヨーロッパを仮想敵国とした軍事同盟です。ソ連が崩壊し、仮想敵国がいなくなったのだからもう解体してもいいだろうということになるのですが、**東西冷戦が終わったとたん、ヨーロッパで戦争が始まります。旧ユーゴスラビア内戦です。**

ユーゴスラビアという国名は、「南スラブ人の国」という意味です。ここは元々、**さまざまな民族や宗教が交錯する地域でした。**それらを「南スラブ人」としてまとめることで連邦国家になったのです。社会主義の国という意味では資本主義国と対立しますが、ソ連の言うことをまったく聞かない国でした。第2次世界大戦が始まると、ドイツに占領された東ヨーロッパの国々はソ連軍によって解放されますが、ユーゴスラビアは違いました。ヨシップ・ブロズ・チトーというカリスマ指導者がゲリラ部隊「パルチザン」を率いて抵抗。**ソ連の助けを借りずに国を解放に導いたのです。**よって独自路線を歩んだのですね。

そうすると、ユーゴスラビアは社会主義の国ですから、西側からNATO軍の攻撃を受けるかもしれない。一方でソ連が攻めてくるかもしれない。自分たちのことは自分たちで守らなければというので、国民に軍事訓練を施し、各家庭に銃を置いて、どこかの国が攻めてきたら自分たちで銃を持って戦おうという全人民武装路線をとりました。**西側諸国と対立しながらソ連からの脅威にも怯えるという状態だったからこそ、国が1つにまとまっていたのです。**

ところが東西冷戦が終わる前（1980年）にチトーが死んでしまいます。その後、東西冷戦も終わると、危機意識はなくなります。統治もゆるみ、タガがはずれた状態になりました。ユーゴスラビアは多民族国家だったのですが、それぞれの民族意識が高まり、1991年にクロアチアとスロベニアがまず独立。その後も次々に独立の気運が高まっていきます。

そんな中、ボスニア・ヘルツェゴビナの独立はうまくいきませんでした。クロアチアはほとんどがクロアチア人、スロベニアはほとんどがスロベニア人でしたから、〝一抜け〟、〝二抜け〟と独立できたのですが、ボスニア・ヘルツェゴビナはいろいろな民族が共存していました。宗教もクロアチア人はカトリック、セルビア人はセルビア正教（東方正教会）、そしてイスラム教に改宗した人たちも住んでいました。

東隣りはセルビアという国なのですが、ボスニア・ヘルツェゴビナに住むセルビア人が、本国から分離されてしまうことを恐れて独立を阻止しようとします。この結果、内戦になってしまったのです。武器を持ったセルビア人、クロアチア人、イスラム教徒が衝突し、多くの死者や難民が出ました。ボスニア・ヘルツェゴビナの首都は冬季オリンピックが開かれたことのあるサラエボです。

当時、NATOとしては、「今度はヨーロッパ全体の安全保障に責任を持つべきだ」と考えるようになります。**ユーゴスラビアの内戦を停戦に持ち込む、あるいは和平に持**

ち込むためにNATOが必要だというわけです。

## ■セルビア人勢力がNATOに空爆された

ボスニア・ヘルツェゴビナの中で、最も大きな勢力はセルビア人でした。もともと6つの共和国からなるユーゴスラビアの中で、中心的存在だったセルビア共和国は、ボスニア・ヘルツェゴビナの中のセルビア人に対して武器を供給。さらに民兵を送ったりして支援しました。セルビア人が、同じボスニア・ヘルツェゴビナの中のクロアチア人やイスラム教徒を大量虐殺するという事態が展開されていました。

そこでNATO軍はこれを止めさせようとセルビア共和国本国に圧力をかけて空爆するのです。つまりセルビアはもともとボスニア・ヘルツェゴビナに対しては侵略的なことをしたのですが、NATO軍の攻撃を受けたことによって被害者にもなってしまいます。

これによって、セルビア共和国はボスニア・ヘルツェゴビナへの介入を止めます。ボスニア・ヘルツェゴビナは独立を果たし、和平が実現しました。**これはＮＡＴＯにとっての成功体験となります。**

しかし**セルビア人勢力がＮＡＴＯ軍によって爆撃を受けたことは、ロシア、とりわけプーチン大統領にとっては衝撃的な出来事でした。**

セルビア正教は、ロシア正教の兄弟のような宗教です。セルビア人はロシア人と同じスラブ民族。セルビア語もロシアのキリル文字を使っています。ほぼ一心同体のような存在がＮＡＴＯ軍の空爆を受けた。これも大変なトラウマになります。**ＮＡＴＯを敵視し、さらに東に拡大してくるようなら何としても抑えなければという思いを持ったに違いありません。**

人間は加害の歴史は忘れてしまいがちですが、被害の歴史は忘れないものです。

宗教的な対立の背景、地政学的な思い、セルビア人に対するＮＡＴＯ軍の空爆、これらをもとにいま、ウクライナでは戦いが続いているということです。

プーチン大統領にしてみれば、ドイツが攻めてきたときだって４年間耐え忍んで打破することができた。いまとなっては、プーチン大統領は**ロシア系が多く住む東部や南部**

**のウクライナを占領することでウクライナを内陸国にしてしまう。そうすればロシアにとっての脅威は少なくなります。**そういう思いもあるのではないでしょうか。

## ■戦車につけた「Z」のマークが意味するもの

ロシアがウクライナに軍事侵攻する前、私は「ロシアは軍事侵攻しますか？」とよく聞かれました。「わからないけれど、**もしこうなればロシアはウクライナに侵攻するだろうという、わかりやすい印が1つある**」と答えました。それは何か。

**1968年に「プラハの春」**がありました。東欧のチェコスロバキア（現在はチェコとスロバキアに分離）で起きた民主化運動です。第2次世界大戦後、チェコスロバキアはソ連の衛星国でした。しかし共産党第一書記に就任したアレクサンデル・ドプチェクは、言論の自由を保障したり、経済の自由化を進めたり、西側諸国と交流しようとしたりして改革を始めました。

社会主義陣営の崩壊を危惧《きぐ》したソ連は、「社会主義国は連帯すべき」と一方的に軍事介入します。ソ連と東ヨーロッパ4カ国の軍が2000両の戦車でチェコに侵攻したのです。

当時の東ヨーロッパの国々はソ連の仲間ですから、チェコスロバキア軍もまったく同じソ連製の戦車を持っていました。ソ連・東ヨーロッパ軍にチェコスロバキア軍が対抗して戦争になったとしたら、敵か味方かの区別がつきません。そのためソ連軍はチェコスロバキアに侵攻する前、戦車に白い線を塗りました。ひと目でソ連の戦車か、チェコの戦車か見分けがつくようにしたのです。

ウクライナももともとソ連を構成する国の1つでしたから、戦車、装甲車、トラックに至るまで、いまもソ連と同じものを使っています。

ロシアがもしウクライナに侵攻する気なら、必ずロシアは何か目印をつけるはず。**「印をつけるかどうかで、侵攻するかどうかわかる」**と話しました。

結局、ロシア戦車や装甲車、トラックなどすべての軍用車に「Z」のマークをつけて侵攻しました。Zのマークがついていたらロシア軍、ついていなければウクライナ軍。敵と味方を区別できるというわけです。

今回のロシアによるウクライナ軍事侵攻には前段がありました。2014年、ウクライナに親欧米派の政権が誕生すると、プーチン大統領は、ウクライナのクリミア半島にロシア軍の特殊部隊を送り込み、電撃的に占領しました。特殊部隊は、何の標識もつけておらず、ロシア軍である証拠は一切消し去っていて、プーチン大統領は、この特殊部隊のことを「クリミア半島の自警団ではないか」などととぼけていました。

しかし、**この電撃的な行動に、ウクライナ軍は手も足も出ませんでした。**クリミア半島のウクライナ海軍基地の将兵の多くは、ロシア軍に投降。そのまま親ロシア派に寝返ったために、ウクライナ海軍は事実上壊滅しました。

このときウクライナは激しいサイバー攻撃を受け、ウクライナ軍は連絡がとれずに大混乱。なすすべがありませんでした。

しかしプーチンにとっては、この2014年の成功体験がかえって仇《あだ》になったのかもしれません。

## ■「冬戦争」の教訓はどこへ

**ウクライナは失敗体験から学びました。** クリミア半島を占領された当時、ウクライナ軍の兵力はわずか5万人でした。そこで徴兵制を復活させることによって軍隊を20万人にまで増やしました。退役した軍人も予備役として登録させておきました。

2022年2月、ロシアが15万人とも言われる兵員で攻めてきたとき、ウクライナは正規軍が20万、予備役が90万、計110万でロシア軍を迎え撃ったのです。

さらに2014年にはロシア軍のサイバー攻撃で大混乱に陥ったことを教訓に、アメリカやNATOの支援を受けて、「IT軍」も充実させていました。ロシアはウクライナに攻め込む2月直前にサイバー攻撃を仕掛けましたが、ウクライナは最初から対応策をとっていたので、それほどダメージを受けることはありませんでした。

プーチン大統領は当初、短期決戦でウクライナを敗北させようと思っていたはずです。キーウにエリートの空挺《くうてい》部隊を送り込み、ゼレンスキー大統領を殺してしまえば、ウクライナはあっという間に占領できる。かつてソ連がアフガニスタンに攻め込んだとき、アフガニスタンの大統領を特殊部隊を使って殺害し、アフガニスタンを占領した成功体験を持っています。その成功体験が裏目に出たのです。

また、歴史に学んでいないなと思う部分もあります。**ソ連は1939年、フィンランドに攻め込みました。「冬戦争」と呼ばれています。**当時のソ連はドイツの侵略を恐れ、ドイツ軍に立ち向かえるようにフィンランドに拠点を確保しようと考え、ロシアの領土との交換を申し入れたのです。

しかし、フィンランドはこれを拒否。その直後、突然ソ連は「フィンランドが攻めてきた」という理屈をつけて、フィンランドへと侵攻を開始するのです。

ソ連は、どうせ3日で占領できる「小国」だとフィンランドを見下し、簡単に勝利できると豪語していたのですが、フィンランド軍のすさまじい抵抗に遭い、**戦争が長期化することでソ連軍は大きな被害を受けることになりました。**

これを見ていたのが、ドイツのアドルフ・ヒトラーです。ソ連軍は強大だと恐れられていたのに、フィンランド軍に苦戦する様子を見て、「これならソ連軍に勝てる」と判断し、ソ連侵攻を決意したとも言われています。

## ■「悪魔と握手」したほうがよかったのか

今回も結局、ウクライナをみくびっていたからこんな状態になってしまったのです。意地でも「勝利した」と言えるような状態にしなければ、停戦はないでしょう。ウクライナにしても停戦するわけにはいきません。ウクライナは東部と南部の４州の多くの部分を占領されています。**停戦したら、結局ウクライナはいまの状態（ロシアの勝利）を認めることになってしまいます。**

**そういう意味では、停戦に応じてもいいのはロシアのほう。**ウクライナは、４州全域と、できればクリミア半島をも取り戻さない限り、停戦交渉に応じないはずです。

ウクライナ国民の命を守るためには、早々に「悪魔と握手」をしたほうがよかったという識者もいます。でもそれはロシアの勝利を認めることになります。ロシアが占領した地域では、ウクライナの人たちが次々に殺されているのです。

## ■ロシアの勝利では終われない

ゼレンスキー大統領はロシア軍の攻撃を受け、国民総動員令に署名し、同時に18歳から60歳の男性市民に対してウクライナからの出国を禁止しました。

ここのところは意見が分かれますね。「ウクライナの国民の命を助けるためには、早々に悪魔と手を結んだほうがよかった」と、ゼレンスキーのやり方を批判する人もいますし、いや国を守るためには常識的なやり方だ、「敗北か死か」だと考える人もいる。永遠の課題です。

ナチス・ドイツがポーランドを侵略したとき、あるいはソ連に攻め込んだとき、抵抗せずに降伏すればよかったのでしょうか。もし今後、中国が台湾に攻め込んだら、台湾の人たちは無抵抗で中国に従えばいいのでしょうか。論理的にはそういうことです。

それぞれの「正義論」があると思います。

ウクライナの東側にはロシア語を話す人が大勢住んでいるのだから、ロシアに割譲すればならないのでは、という意見もあります。でも、割譲したところにもウクライナ人は住んでいるし、ロシア語を話していると言っても、これまで彼らはウクライナの国籍を維持してきました。それを言うならゼレンスキー大統領だって、そもそもはロシア語話者です。これは主権国家の意地。国を守るとは犠牲を伴うことなのです。

## ■民間軍事会社「ワグネル」とは？

予定外に戦争が長引いたため、ロシアは経済制裁によって半導体が輸入できなくなり、新たな戦闘機やミサイルをつくれなくなっています。そのためウクライナで民家を襲って冷蔵庫や洗濯機などの家電を奪い、家電から半導体を調達しています。砲弾も不足が報じられています。アメリカが、「ロシアは北朝鮮から砲弾を大量に輸入しようとしている」と指摘すると、北朝鮮もロシアもそれを否定しました。

北朝鮮にすれば、「ロシアという国家に売っているんじゃない、ワグネルという民間の会社に売るんだ」というのでしょう。

**ワグネルとは、民間の軍事会社です。**今回ロシア軍が苦戦を強いられたことから、ロシアの民間軍事会社「ワグネル」の雇い兵がウクライナ東部に投入されていると、イギリス国防省が2022年3月28日に発表しました。

民間軍事会社とは日本では聞きなれないですね。2003年にアメリカがイラクを攻撃したときには、アメリカ軍とは別の「ハリバートン」という民間軍事会社が、アメリカ軍に食料や燃料を供給していました。アメリカにも存在するのです。

ハリバートンは、ジョージ・W・ブッシュ（息子のブッシュ）のもとで副大統領だったディック・チェイニーがCEOを務める会社で、イラク戦争で大儲《おおもう》けをしました。ちなみにアメリカやイギリスの民間軍事会社は戦闘には加わりません。高度なガードマン会社であるとともに、軍事用品などを補給する会社です。しかし、ロシアのワグネルが違うのは、実際に兵士として戦闘に加わっていることです。給料をもらって戦闘に参加しているのです。

ところが、小泉悠《こいずみゆう》氏の『現代ロシアの軍事戦略』によると、ロシアでは民間軍事会社は法律で認められていないのだそうです。つまり、法律で認められていないから法律に違反する組織は存在しない、という理屈になるようです。**プーチン大統領はワグネルに、戦闘のアウトソーシング（外注）をしているわけです。**

## ■「ワグネル」はあの音楽家のロシア語読み

**ワグネルとは、いわば戦争請負集団。**「ワグネル」という名前は、ドイツのヒトラーがこよなく愛した作曲家リヒャルト・ワーグナーのロシア語読みです。

ワグネルを創設したのは元スペツナズの将校です。「スペツナズ」といえば、軍事に関心が高い人なら知っているはず、旧ソ連軍の特殊部隊です。高度な訓練を受け、いざというときには戦地に送り込まれてあらゆる任務を遂行すると恐れられていた部隊です。その将校だった人物が、スペツナズを辞めて民間軍事会社をつくりました。

この人が実はヒトラーを尊敬していて、ヒトラーが好きだったワーグナーを会社の名前にしたというのです。

さらに、このワグネルに多額の資金を出資して大きく育て上げた人がいます。それが

「大統領の料理長」と呼ばれた実業家のエフゲニー・プリゴジンです。

彼はプーチン大統領と同じレニングラード（現サンクトペテルブルク）の出身。過去には数々の犯罪で9年間刑務所暮らしをし、刑務所を出てから高級レストランを経営するようになり大成功を収めました。ロシアに国賓がやってくると、レストランでその人たちに豪華な食事を提供するので、「大統領の料理長」と呼ばれているのだそうです（『ハイブリッド戦争』廣瀬陽子著より）。

**民間軍事会社を使う側の最も大きなメリットは、人件費の節約です。**正規軍の兵士には退役後の年金も含め、多額の費用がかかります。雇い兵なら高い報酬を約束しても、全体としては安上がりです。たとえ戦場で死んでも自己責任、国が責任を負うことはありません。国家は関知しないというわけです。

だから本当は北朝鮮から砲弾を買っていても、買っているのはあくまで民間の会社ワグネルであり、「我が国は関知していない」と言い張れます。

ウクライナと戦う実戦部隊に対して大量に砲弾を売って外貨を稼いでいるとされる北朝鮮。いまでこそ北朝鮮の外貨獲得手段といえば不正な手段で入手している暗号資産ですが、それまでは武器弾薬を売るのが北朝鮮の大きなビジネスでした。**もともとソ連から輸入した武器を使っていましたから、ロシア軍が使うものとまったく同じ砲弾や大砲、戦車を大量につくることが可能です。それを今回はワグネルにせっせと売っている**というわけです。

## ■アフリカでもワグネルが悪行三昧

ワグネルがどんなに残酷なことをしても、ロシアは「知らぬ、存ぜぬ」。

ワグネルは、シリア内戦でバッシャール・ハーフィズ・アル＝アサド政権を支援しました。ワグネルの兵士が大勢シリアに入り、アサド政権の先兵となって反体制派を激しく弾圧。民間人を拷問にかけて虐殺するなど、彼らの悪行が報じられました。

その後、ワグネルという会社は、シリアの石油採掘権、販売権を獲得しています。莫《ばく》大《だい》な収入を得ているのです。

シリア以外にもアフリカのいろいろな場所で活動しています。スーダンでは、ダイヤモンド鉱山での警備を請け負っています。ダイヤモンド鉱山の採掘権を手に入れているのです。中央アフリカでは政府に雇われ、反政府勢力を弾圧しています。

最近では、アフリカのマリでの関与が明らかになりました。マリは宗主国がフランスですから、親フランスの国でした。そのマリでイスラム過激派が台頭し、国軍と激しい戦闘を繰り広げていました。フランスも軍事介入し、マリ軍を支援してきました。

そのマリで軍部がクーデターを起こし実権を握ると、親フランス政権から親ロシア政権に変わりました。**軍事政権が金を払ってワグネルを雇い入れたのです。**

フランスのメディアによると、民間人が大量に殺されたといわれています。

ウクライナでロシア軍の苦戦が伝えられると、前述のエフゲニー・プリゴジンがロシア国内の刑務所を回って「志願兵になって任務を終えれば無罪放免になる」とリクルートしている動画がネットに流出しています。

しかし、前線に投入された受刑者たちは悲惨です。ワグネルはウクライナ軍の陣地に向けて彼らを突撃させ、ウクライナ軍に砲撃させることでウクライナ軍の潜伏場所を突き止め、そこをロシア軍が砲撃する。つまり受刑者たちはウクライナ軍の在りかを突き止めるエサにされているのです。

人間を人間だと思っていない。ロシアが「ならず者国家」なら、ワグネルは「ならず者集団」です。

アメリカの国家安全保障会議（NSC）は、2023年に入って、**ウクライナで人権侵害や虐殺行為をしているとして、ワグネルを国際犯罪組織に指定すると発表しました。**

## ■ソ連時代、苦渋の選択をしたロシア正教

プリゴジンがプーチン大統領を軍事的に支えているとすれば、もう1人、**プーチン大統領を精神的に支えているのが、ロシア正教のキリル総主教です。**

このキリル総主教もプーチンと同じ、元KGBのスパイだったというから驚きです。どうしてスパイから総主教に？　と思われるかもしれませんが、これにはロシア正教の人たちの苦渋の決断があります。ロシアの前身のソ連は宗教を否定していました。世界で初めて共産主義を取り入れた国で、共産主義では宗教を否定しています。

少し歴史を振り返りましょう。

１９１７年にロシア革命が起き、その後の内戦を経て、１９２２年にソ連が建国されると、革命を指導したレーニン、あるいはレーニンの後を引き継いだヨシフ・スターリンは、**無神論を掲げ宗教を敵視します。**これはかのカール・マルクスが「宗教はアヘンである」と言ったことが１つのきっかけになっています。

マルクスはなぜ宗教はアヘンだと言ったのか。資本主義社会では、労働者たちは搾取されて過酷な状態になっている。富が集中し格差が広がる世の中を変えるためには、労働者たちが立ち上がって革命を起こさなければならない。ところがキリスト教を信じていると、「現世で辛《つら》くても、死ねば天国へ行けるのでそれまでの我慢」と、結局、宗教が資本主義の過酷な苦しみを和らげてしまう。こういう文脈でマルクスは「宗教はアヘンだ」と言ったのです。要は、共産主義を実現するためには、宗教が邪魔だったのですね。

でも革命は成功したわけですから、宗教（ロシアの場合はロシア正教）を認めてもよいのではないかと思うのですが、**とりわけスターリンは極めて教条主義的に、「マルクス**

**が宗教の役割を批判したのだから」と、ロシア正教を徹底的に弾圧しました。**当時のロシア正教の聖職者が多数殺害され、歴史と伝統あるロシア正教の教会をダイナマイトで爆破するというようなことを次々にしていくわけです。

弾圧を受けたロシア正教の聖職者たちは、どうすればいいかと考えます。教会を破壊されても徹底的に共産主義に抵抗して皆殺しにされるか、あるいは妥協して共存するか。結果的に後者の道を選びました。苦渋の選択の中で、多くのロシア正教の聖職者たちがソ連のもと、**ソ連の認める限りにおいてロシア正教を継続させようと考えたのです。**

こうして宗教を認めないソ連という社会の中で、崩壊寸前になりながらもロシア正教が生き延びるという不思議な状態が続きました。

## ■プーチン大統領とキリル総主教の蜜月

ソ連との共存を決めた結果、生き延びることができたロシア正教に対し、ソ連はKGBのスパイを送り込みます。当時のソ連は、ありとあらゆるところにKGBの要員を送り込んでいたからです。

のちに総主教となるキリル氏は、ロシア正教の神学校、つまり聖職者になるための学校に通っていた25歳のとき、KGBのスパイになったといわれています。彼はあくまでロシア正教の信者であるという肩書で、世界のキリスト教の教会がどのような方針を持っているか、スパイ活動をしてKGBに報告していました。KGBの後ろ盾があるので順調に出世していきます。一時はジュネーブのWCC（世界教会協議会）に派遣されていたこともあったようです。

こうして弾圧の時代を乗り切ると、**ソ連崩壊後に、ロシア正教会は息を吹き返すことになります。**

宗教というのは強い力を持っています。あっという間にロシア正教が復活し、新たに教会を建て直していきます。プーチン大統領は、庶民の心をつかむためにはロシア正教とつながったほうがいいと考え、ソ連が没収していた正教会の資産を教会に返還。**ロシア正教をバックアップし、ロシア正教と一体化する形で政治を進めていくのです。**

プーチン大統領の盟友として、「プーチンの戦争」に祝福を与えるキリル総主教は、世界の正教会から孤立を深めています。

## ■ゴルバチョフのせいでウクライナを失った

２０２２年8月30日、「ゴルビー」の愛称で親しまれたミハイル・ゴルバチョフが、91歳で亡くなりました。

**ゴルバチョフといえば、１９８５年からソ連共産党書記長としてソ連を率いてきた人物です。**１９２２年にソ連という国ができた後、15の共和国を動かしていたのは連邦政府という建前になっていましたが、実際はソ連共産党がすべてをコントロールしていました。そのトップが「書記長」です。しかしゴルバチョフは１９９０年に大統領制を導入したので、**ソ連の最初で最後の大統領**ということになります。

つまり、**ソ連という独裁国家を終わらせた人なのです。**米ソ冷戦も終わらせ、ノーベル平和賞を受賞。その功績は、**〝ロシア以外〟では高く評価されています。**彼のおかげで東ヨーロッパも、ソ連のくびきから逃れることができました。

しかし、ゴルバチョフはロシア国内ではすこぶる評判が悪いのです。**大国だった「ソ連を崩壊させた張本人」というわけです。**

1989年、ソ連が崩壊する前のこと、マルタ会談が開かれました。アメリカとソ連の首脳会議です。会談に参加した当時のジョージ・H・W・ブッシュ大統領（パパブッシュ）とゴルバチョフ書記長は、**地中海のマルタ島で冷戦終結を宣言しました。これをもって、44年間続いた東西冷戦は終結しました。**当時は「ヤルタからマルタへ」と言われました。第2次世界大戦の終戦処理を話し合ったのがヤルタ会談だったので、語呂合わせで、こう呼ばれたのです。

## ■ゴルバチョフの葬儀にプーチンの姿なし

この後、1990年に行われたゴルバチョフとアメリカのジェイムズ・ベイカー国務長官との会談では、ベイカーが「NATOは1インチも動かさない」と口約束したとロシアのプーチン大統領は主張しています。なので**プーチン大統領にしてみれば、「アメ**

**リカは約束を破った」というわけです。**

しかし、そんな約束はあったのか。少なくとも文書は残っていません。また、**当時はまだワルシャワ条約機構が存在していました。その状態でNATOが東進できるわけはなかったのです。**

そしてマルタ会談から2年後の1991年、ワルシャワ条約機構とコメコン（経済相互援助会議）というソ連側の経済組織は解体しています。

ゴルバチョフはソ連に大統領制を導入し、民主的な国家への改革を模索していましたが、これに危機感を抱いたのがソ連共産党内の保守派でした。「このままではソ連が崩壊してしまう」との恐れから、1991年8月、保守派によるクーデターが起き、クリミア半島の大統領専用の別荘で夏休みを過ごしていた**ゴルバチョフは軟禁されてしまいます。**

**これを助けたのが、当時のロシア共和国の大統領ボリス・エリツィンでした。**当時、ソ連改革の一環として、ソ連を構成する共和国の1つでしかなかったロシア共和国で住民の直接投票による大統領選挙が行われ、エリツィンが大統領に就任していました。

一方、ソ連の大統領は、国民の直接選挙ではなく、議会によって選ばれるという間接選挙でした。こうなると、ロシアはソ連より下位の存在ですが、**直接選挙で選ばれたというのは強みです。**エリツィンは「クーデター反対」を呼びかけてモスクワ市内で戦車の上から国民を鼓舞。恐れをなしたクーデター派は逃げ出し、ゴルバチョフはエリツィンによって救出されました。

**この結果、力関係は逆転。**エリツィンはソ連を構成していた白ロシア（現在のベラルーシ）やウクライナなどと共に「独立国家共同体」（ＣＩＳ）を結成します。これは要するにソ連という国家を有名無実化するものでした。**いわばエリツィンのクーデターだったと言ってもいいでしょう。**

こうしてすっかり力を失ったゴルバチョフは１９９１年12月25日、大統領を辞任しました。ソ連は崩壊したのです。

これに伴いウクライナは悲願の独立を果たします。しかしいま、プーチン大統領はそのウクライナを取り戻そうとしているわけです。

２０２２年９月３日にモスクワでゴルバチョフの葬儀が営まれましたが、プーチン大統領は公務を理由に参列しませんでした。「そもそもゴルバチョフのせいでウクライナを失った」という思いがあるのでしょう。

**ゴルバチョフは、西側諸国にとっては70年近く続いたソ連を解体した「大功労者」ですが、ロシアでは「国を売った裏切り者」なのですね。**

## ■北欧のNATO加盟にトルコが〝嫌がらせ〟

ソ連崩壊後、東ヨーロッパの国々が次々にNATOへ加盟していく中で、**NATOへ入らない選択をした国**があります。

北欧のフィンランドとスウェーデンです。国境を接するフィンランドは「ロシアを刺激しないため」、スウェーデンは「平和国家として中立を守るため」です。しかしロシアのウクライナ侵攻を受け共に「中立政策」を放棄。NATOに加盟を申し込み、ウクライナに武器を供与する方針も表明しました。大きな方針転換です。

ただ、**NATOに新規加盟するには、全加盟国の賛成が必要です。**加盟国のうち1カ国でも反対すると、新規加盟が認められません。

2カ国の参加申し込みに対し、トルコのレジェップ・タイイップ・エルドアン大統領が難癖をつけました。

**トルコが両国に突き付けた条件は2つ。**1つ目は「スウェーデン製の武器を売れ」ということです。実はスウェーデンも武器輸出大国です。スウェーデンは、トルコによるシリアへの軍事介入を受け、トルコへの武器売却を停止しましたが、これに関しては、売るという方向で話がついたようです。

## ■スウェーデンで「コーラン」を燃やすデモ

2つ目は、**トルコがテロ組織として掃討作戦を展開しているクルド人組織のメンバーを引き渡せということです。**両国がクルド人を難民として受け入れていることが、エルドアン大統領にとっては「テロリストを支援している」ことになるわけです。

スウェーデンはごく少数を引き渡すことには同意しましたが、犯罪の証拠がない人の

# ソ連に対抗するためにつくられたNATOの今

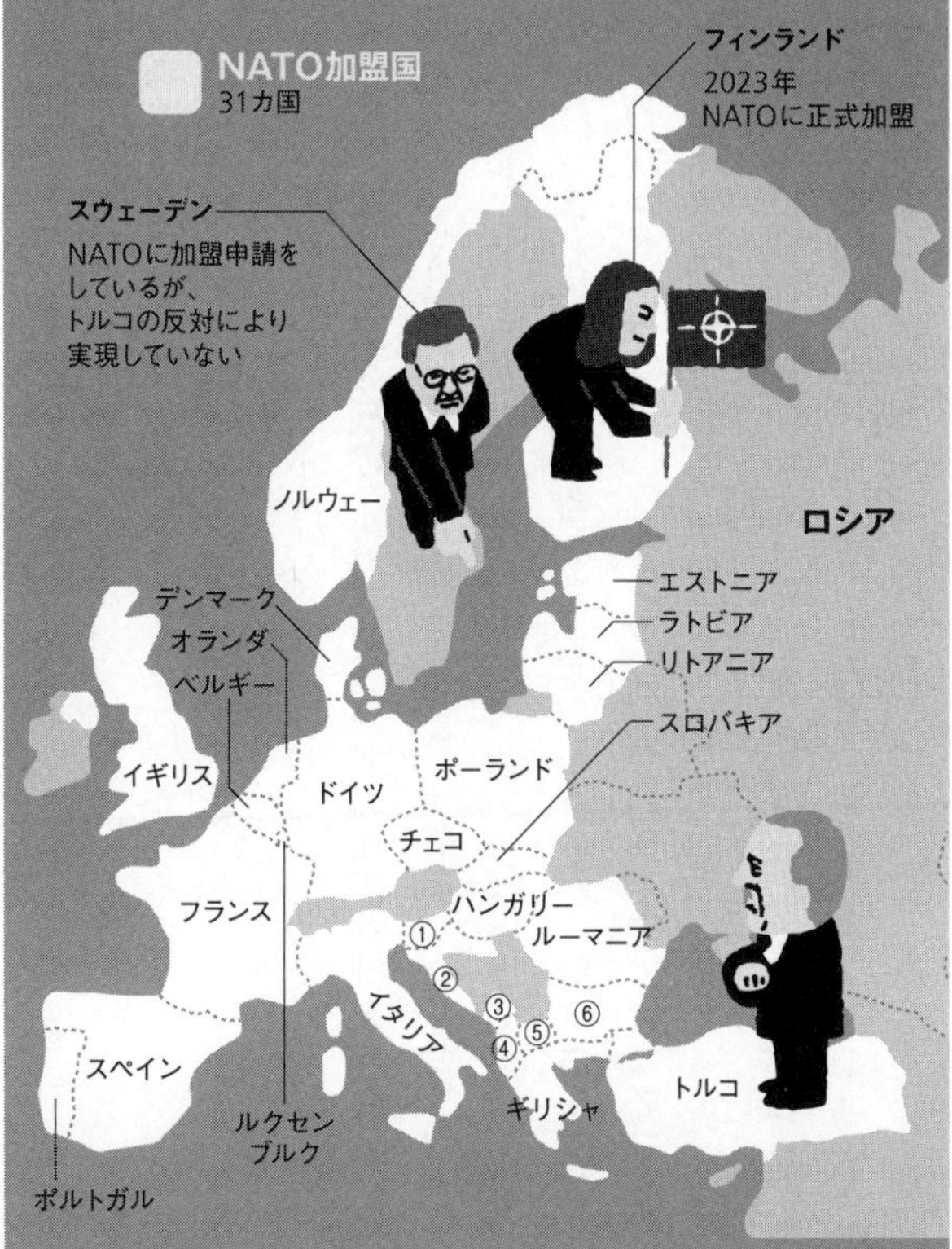
NATO加盟国
31カ国
フィンランド
2023年
NATOに正式加盟
スウェーデン
NATOに加盟申請をしているが、トルコの反対により実現していない
ノルウェー
ロシア
エストニア
ラトビア
リトアニア
デンマーク
オランダ
ベルギー
スロバキア
イギリス
ドイツ
ポーランド
チェコ
ハンガリー
フランス
ルーマニア
①
②
③
④
⑤
⑥
イタリア
スペイン
トルコ
ギリシャ
ルクセンブルク
ポルトガル

この地図外で
- アメリカ合衆国
- カナダ
- アイスランド

①スロベニア
②クロアチア
③モンテネグロ
④アルバニア
⑤北マケドニア
⑥ブルガリア

送還はできないと、テロリストの引き渡し問題ではまだ妥協点が見えていません。

この動きの中で、スウェーデンの首都ストックホルムでは、トルコ大使館近くで極右によるデモがあり、イスラム教の聖典「コーラン」が燃やされました。イスラム教の国トルコがスウェーデンのNATO加盟に難癖をつけていることに反発しての行動でした。

これに対し、イスラム教徒が多数を占めるトルコは、スウェーデンを非難。**スウェーデンのNATO加盟には反対を続け、フィンランドの加盟だけを承認しました。**これによりフィンランドはNATOに正式加盟を果たしました。NATOへの新規加盟は2020年3月の北マケドニア以来、加盟国数は30から31に増えました。

スウェーデンはいまもNATO加盟ができずにいますが、実は**ロシアとスウェーデンの間に位置するのがフィンランド。フィンランドがNATOによって守られれば、結局はスウェーデンも守られるのです。**

トルコはNATO加盟国にもかかわらず、ロシアと経済的な結びつきが強い国です。ロシア人は短期滞在ならビザなしでトルコに入国できるので、トルコにとってはロシア人観光客が貴重な外貨収入源となっています。

２０２３年2月に起こった地震（トルコ・シリア地震）被害で、当面復興に注力するでしょうが、重要な外交カードを持つトルコが今後どのように狡猾《こうかつ》な多角外交を展開するのか。

**ロシアのウクライナ侵攻で、トルコの存在感は高まっています。**

## ■ドイツでまさかのクーデター未遂事件

プーチン大統領は本気でロシア帝国の復興を目指しているようですが、ドイツにもドイツ帝国の再建を目指している連中がいました。**現在のドイツで、国家転覆を企てていた連中がいたというのですから衝撃的です。**

２０２２年12月7日、ドイツの連邦検察庁は３０００人もの警察官を動員、ドイツ全土をいっせいに捜索し、25人を逮捕しました。逮捕されたのはドイツの極右過激派集団「ライヒスビュルガー」（帝国市民）のメンバーでした。彼らは貴族の末裔《まつえい》「ハインリッヒ13世」を押し立てて、ドイツ帝国を再建する計画でした。

その中には軍の兵士や裁判官もいました。彼らはドイツの連邦議会を襲撃して首相や大臣、各政党の党首らを拘束、あるいは殺害して、自分たちの新政府を樹立しようとしていました。国外追放や処刑の対象者リストの中には、オラフ・ショルツ首相も含まれていたといいます。首相が殺されていたかもしれないのです。新しい国家元首には「ハインリッヒ13世」が就任することになっていました。

## ■戦後のドイツの歩みを真っ向から否定

**彼らの主張は「ドイツ帝国は滅びていない」**。ここでいう帝国とは、1871年から1918年まで存在していたドイツ帝国（帝政ドイツ）のことです。これは第1次世界大戦でドイツが負けたことで消滅しています。ドイツ皇帝ヴィルヘルム2世が退位し、ドイツ帝国は崩壊しました。

皇帝は逃げ出し、ワイマール共和国となります。世界で最も民主的だといわれるワイマール憲法ができ、国民の直接選挙で選ばれる大統領制、議会制が実現します。

しかしその民主的なワイマール共和国の中からヒトラーが出てくるのですが。

要するに彼らは第1次世界大戦後のワイマール体制を認めていないのですね。第1次世界大戦で敗れたドイツは、ヴェルサイユ条約によって海外の領土を奪われたうえ、多額の賠償金を課されました。その支払いのために貨幣を増刷した結果、ハイパー・インフレに見舞われます。その後、ヒトラーの登場により第2次世界大戦に突入。ここでも敗北し、ドイツは東西に分割されてしまいます。

**1990年に東西ドイツは再統一されて現在のドイツがあるわけですが、彼らはこのドイツの歴史を認めません。**

現在のドイツはまがいものであり、第1次世界大戦後にできたワイマール共和国だってそもそも戦勝国から押し付けられた臨時政府に過ぎなかったというわけです。だから**あらためて「第2のドイツ帝国」をつくる。**

ドイツに帝政復古主義者がいるということに驚きました。

ただ、日本も他国のことを荒唐無稽《こうとうむけい》と嗤《わら》えません。日本にも国会で「八紘一宇《はっこういちう》」を絶賛した議員がいましたから。

す。

## ■ここにもロシアが関与？

「ドイツ帝国」再建を目指したメンバーは、2021年1月に起きたアメリカの連邦議会襲撃を手本にしたのでしょう。議会を乗っ取れば、新政府がつくれると思ったのです。

**当時の襲撃犯の中には「Qアノン」と呼ばれる陰謀論者がいました。**アノンというのはアノニマス、つまり匿名のことです。アメリカでドナルド・トランプ大統領が誕生した後、「政府の事情に通暁している」と自称し、「Q」という匿名で、「アメリカはディープ・ステート（闇の政府）に支配されている」「トランプはその闇の勢力と闘っている正義の味方だ」などという陰謀論を、とりわけツイッターを使って拡散していた人物がいました。Qアノンはその信奉者です。

今回のドイツで逮捕されたメンバーの中にもQアノンが含まれていました。Qアノンは、「新型コロナウイルスなど存在しない」「ワクチンの中にはマイクロチップが入っていて、人類をコントロールしようとしている」などと主張しています。

しかも今回の捜査で、メンバーがロシアと連絡を取り合っていたことがわかっています。今回のクーデター未遂にロシアが関与していたかどうかはまだ不明ですが、クーデターが起きたとなると、ドイツ国内を混乱させることは可能です。

ドイツは戦後処理問題において「優等生」とされてきただけに、今回の騒動には世界中が驚きました。日本では大きく扱われませんでしたが、ヨーロッパでは連日大ニュースでした。**ヨーロッパはかつてナチス・ドイツによって酷い目に遭った歴史の記憶があります。ドイツに対する恐怖心をヨーロッパの多くの国が持っています。**戦後、あらためて西ドイツが国防軍をつくるというとき、NATOの一員とすることによってヨーロッパ諸国がドイツの軍隊を監視しようとした。そういう狙いも存在していたことを、知っておくといいと思います。

# 第3章　欧米にそっぽを向く中東

## ■イランの代表選手が国歌斉唱を拒否

2022年はサッカーワールドカップが中東のカタールで開催されました。日本はドイツ、スペインに逆転勝ちし、グループ首位で1次リーグを突破するなど大盛り上がりでしたね。

**しかし熱戦の陰で、場外では人権問題がニュースになりました。**スポーツに政治を持ち込むべきではないといわれますが、選手のさまざまな行動によって世界で何が起きているのか、どんな問題があるのかを知ることもできたのではないでしょうか。

たとえばイラン代表はドーハで迎えた初戦のイングランド戦の直前、先発選手11人がイラン国歌が流れても口をつぐんだまま、国歌を斉唱しませんでした。

これはイラン国内で広がった**「反スカーフデモ」に連帯を示した**と見られます。プロローグでも触れたように、ヒジャブのかぶり方が不適切だとして道徳警察に逮捕・拘束された22歳の女性が、その後、警察の中で急死してしまったのです。

道徳警察に逮捕されること自体はよくある話なのですが、「急死した」というニュースが流れると、警察によって殺されたのではないかと国内外で抗議が広がりました。

イラン国内では、代表選手がデモに連帯を示すことへの期待が高まっていたのです。国際試合の競技場は、政治的なアピールの場にもなります。ただし、ＦＩＦＡ（国際サッカー連盟）は政治的なメッセージを禁止するとしています。

デモ参加者の中には逮捕されて死刑判決を受ける者も出ていますから、選手たちにとってはかなり勇気がいる行動だったと思います。国営イラン放送は、選手が国歌を歌わなかった場面でテレビ中継を一時中断したようです。

## ■サポーターも命がけの抗議

さらに、報道によれば、サッカーの試合中、イランサポーターの一部が最高指導者アリー・ハメネイ師を指して「独裁者に死を」と叫んでいる様子も見られたとか。

**ユーラシア・グループは、イランを世界の10大リスクの5番目に挙げています。**イランとはどんな国なのか、ここでおさらいしておくことにしましょう。

イランといえば中東の国ですが、アラブ系の国ではありません。アラビア語を話す人々が住む国々のことを「アラブ」と呼びますが、イランはペルシャ語を話すペルシャ人が多数で、少数のクルド系やトルコ系住民も暮らしています。イスラム教を主な宗教としている点では同じですが、スンニ派のアラブ諸国とは宗派（イランはシーア派）が違うこともあり、アラブ諸国やトルコに対しては対抗心を持っています。

いまでこそ女性は伝統的な黒いヒジャブをかぶらなければなりませんが、かつては女性がヒジャブを脱ぎ捨て、ミニスカートをはいて街を闊歩《かっぽ》する時代もありました。アメリカの援助のもと、脱イスラム化（世俗化）が進み、ファッションも近代化していたのです。

ところが、1979年に起きた「イラン・イスラム革命」によって、**イスラム原理主義勢力が政権を奪取し、イスラムの教えを厳格に守らなければならない国になりました。**

なぜ女性は髪の毛をスカーフで隠さなければならないのか。それはイスラム教の聖典「コーラン」に根拠があります。

# イラン国内で広がった「反スカーフデモ」

イラン
• イスラム教 シーア派
• イスラムの 教義に厳格
イラン最高指導者
アリー・ハメネイ師
ヒジャブ(スカーフ)の
かぶり方で
警察に拘束された
女性の急死を
きっかけに
不満が
噴き出し
大規模な
デモに
ライシ大統領
就任以降、
さらに
女性への抑圧が
厳しくなった
抗議で自分の
髪を切る
女性も
女性は公の場所
でヒジャブを
着用し、
髪を隠さ
なければ
ならない

「女の信仰者にも言っておやり、慎しみぶかく目を下げて、陰部は大事に守っておき、外部《おもて》に出ている部分はしかたがないが、そのほかの美しいところは人に見せぬよう」(井筒俊彦訳『コーラン』)。

イスラムの教えでは、女性の髪は美しいところであり、家族以外の男性に見せてはいけないものなのです。女性の身なりがきちんとしていないと、男たちは挑発されて、女性を傷つけてしまうというのです。

1981年には、これを定める法律が施行されました。「9歳以上の女性は公の場所でヒジャブを着用し、髪を隠さなければならない」というもの。1983年には、こうした法律を守らない人物を取り締まる「道徳警察」もできました。

**同じイスラムの国でも、こうした教えを厳格に守る国と、比較的自由な国があるのですが、イランは前者です。**

1983年、議会は公の場で髪を覆わない女性は鞭《むち》打ち74回の刑で処罰することを決めました。最近ではそれに最長60日間の禁固刑も追加されました。

## ■イランはこうして反米国家になった

映画にもなった「イラン・アメリカ大使館人質事件」。中東の中で最もアメリカと仲がよかった関係が、ひっくり返るきっかけとなった出来事です。

第2次世界大戦後、パーレビ王朝下のイランには民主的な選挙で「モサデク政権」ができます。モサデク政権はそれまでイギリスに独占されていたイランの石油資源を、国有化してしまいます。これに対し、イギリスが激怒するのです。

イギリスはアメリカに話を持ちかけ、アメリカのCIAが1953年、モサデク政権を転覆させる軍事クーデターを起こさせます。このクーデターによりイランの首相だったムハンマド・モサデクは失脚し、親欧米のムハンマド・レザー・パーレビ国王派である将軍が首相に就任しました。

「国王が絶対的な強い力を持つ中で、アメリカ的な資本主義社会にしていこう」と、近代化を進めます。欧米の資本が入ってイランの石油が高い値段で売れるようになり、

**急激に経済発展すると同時に、近代化＝欧米化が進むのです。**

アメリカとイギリスはイランの親米政権を利用して、石油の利権を手にしたかったのです。

一方で、ミニスカートをはく女性まで出てくるなど急激に欧米化が進むと、さすがにそれはイスラムの教えに反するとイラン国民の間で不満が高まっていきました。これによって起きたのが**「イラン・イスラム革命」**です。**国王を批判したために国外に追放されていたルッホラー・ホメイニ師を中心とするイスラム原理主義派が政権を奪うのです。**

アメリカの支援を受けたパーレビ朝を打倒し、ホメイニ師はイラン・イスラム共和国を樹立。そして同じく**１９７９年に「イラン・アメリカ大使館人質事件」が起こりました。**

最高指導者を慕う学生らが、「アメリカを倒せ」と、テヘランのアメリカ大使館に突入。大使館員たちを人質にとって、４４４日間も占拠した事件です。

**この事件が発生してからいまに至るまで、イランとアメリカの国交は断絶されたままとなっています。**

## ■ヒジャブをめぐるイランの対応の変化

それ以降、軍事面ではホメイニ師のもと、それまであった国軍とは別に「革命防衛隊」がつくられます。親米政権のもとでつくられた国軍に不信感があったのです。

この革命防衛隊の中の「コッズ部隊」の司令官を務めていたガーセム・ソレイマニが、2020年1月、アメリカに暗殺されたことは、このシリーズ（『知らないと恥をかく世界の大問題11』）で詳しく解説しました。

**イラン革命以降、女性の服装についても厳格なイスラム法によって抑圧されるようになりました。**ただ、女性のヒジャブをめぐるイランの対応は、その時々の大統領の姿勢によっても変わります。

2005年に大統領に就任したマフムード・アフマディネジャドは反米保守強硬派で、当選すると間もなく、道徳警察がパトロールするようになりました。

とはいっても、私は2006年に初めてイランを取材しましたが、テヘラン大学の女子学生たちはデニムをはいてヒジャブもわざと頭のうしろのほうにかけて、前髪を外に出して歩いていました。大きな都市や街の女性はそうだったのでしょう。2人1組で街をパトロールする道徳警察が来ると、急いで前髪を隠していました。まるで風紀委員に見つかった女子高生のようでした。

その次に大統領になったハサン・ロウハニは穏健派で、女性の服装に対しうるさいことを言いませんでした。女性の社会進出が進み、ヒジャブの取り締まりも緩くなっていましたが、**後任のエブラヒム・ライシ大統領はまた保守強硬派。規制が強化され、女性への圧力が再び強まるのです。**

厳しい取り締まりへの不満が一挙に噴き出し、イラン各地で抗議デモが起きました。政府は抗議を受け道徳警察を廃止したのですが、「バシジ」という民兵はいて、抑圧の実態は変わりません。

## ■ロシアに接近するイラン

さらに今回は、急死したマフサ・アミニさん（22）が、クルド人だったことも問題を大きくしました。

イランは人口の多くがペルシャ人ですが、イランの北西部にクルド人が多く住んでいる州があります。マフサ・アミニさんは、そのクルディスタン州出身でした。

もともとこの土地はオスマン帝国の領土でしたが、オスマン帝国が第1次世界大戦で滅びてしまった後、イギリスやフランスが勝手に線を引いてしまったために、クルド人たちはそれぞれの国で少数民族として暮らすことになったのです。

クルド人は、クルド語を話し、目は青く、髪の毛はどちらかというと金髪に近い色で、いわゆるアラブ人やペルシャ人とは明らかに見た目も違います。**少数民族だからこそ、差別的な扱いを受けているのです。**

それぞれのところで自分たちの国をつくりたいと運動すると、「国を分裂させようとするのか、許せない」と、弾圧され、冷遇される。それだけに今回、事件が起きたことに関して、同じクルド人にしてみたら「クルド人だから殺されたのではないか」という思いもあります。

イランの反スカーフデモを応援するため、イラン女性が長い髪をわざわざ切ったり、フランスなどではバリカンで髪の毛を剃《そ》ったりして抗議の意思を示す動きが広がりました。「短髪ならスカーフはいらないでしょ」というわけです。

こうした中、**イランはウクライナへの侵攻で孤立するロシアとの関係を強化しています。**ロシアはイランから軍事支援を受けており、欧米各国はイランに対する態度を硬化させています。

2023年2月23日、ロシアのウクライナ侵攻から1年が迫る中、国連総会は緊急特別会合を再開しました。国連総会を構成するのは193カ国。うちロシア軍に「即時、完全かつ無条件の撤退」を要求する決議案に賛成したのは141カ国でした。

反対したのはロシア、ベラルーシ、北朝鮮、エリトリア、マリ、ニカラグア、シリアの7カ国。32カ国が棄権票を投じましたが、中東で棄権したのはイランのみでした（朝日新聞デジタル2023年2月24日）。

## ■アメリカと距離を置き始めたサウジアラビア

孤立を深めるイラン。中東でイランの最大の宿敵といえば、アラブの盟主・サウジアラビアです。１９７９年にイラン革命が起きるまでは、「同じ親米国家」として良好な関係にあったのですが、イラン革命が起きると革命がサウジアラビアに波及することを警戒し、対立するようになりました。２０１６年、サウジアラビアでシーア派の指導者が混乱を引き起こしたという罪で死刑になってからは、国交を断絶していました。

**イエメン内戦も、いわばサウジアラビアとイランの代理戦争です。**サウジアラビアが政府軍を支援し、反政府側をイランが支援しているのです。

**ところが近年、サウジアラビアとイランが関係改善に動いています。2023年3月、サウジアラビアとイランが国交を正常化したのです。中国の仲介でした。**

サウジアラビアはジャーナリスト殺害事件以来、アメリカのジョー・バイデン大統領から人権問題を批判され、アメリカと距離を置くようになりました。**「敵の敵は味方」**

**というわけです。**

２０１８年、反体制派のジャーナリスト、ジャマル・カショギ氏が、在イスタンブール・サウジアラビア総領事館で殺害された事件について、アメリカ政府は「皇太子が殺害を承認していた」という報告書を公表しました。これに対しサウジアラビア政府は「事実無根だ」と猛反発。両国の関係は冷え込んだままです。

そんな中、ロシアがウクライナに軍事侵攻したことで、石油価格が高騰しました。アメリカでも物価が高騰し、２０２２年11月の中間選挙を前に、バイデン政権に対する批判が高まっていました。そこでバイデン大統領は、「人権問題を棚上げするから、石油を増産してほしい」と、恥をしのんでムハンマド・ビン・サルマーン皇太子に原油の増産を要請します。

ところが、ＯＰＥＣプラスはなんと減産を決定してしまいます。バイデン大統領の面《メン》子《ツ》は丸つぶれです。両国の溝をますます深めることになりました。

## ■中国とサウジアラビアが急接近

ＯＰＥＣプラスとは、ＯＰＥＣ（石油輸出国機構）加盟国だけではなくロシアやメキシコを含む産油国でつくるグループで、**サウジアラビアとロシアが主導して生産量を調整しているのが実態です。**

**減産すれば、需要と供給の関係で石油価格は上がります。そうなればロシアにもより多くのお金が入ってくるので、ロシアはより長く戦争を継続することができます。**

これまでアメリカとサウジアラビアは特殊な関係で結ばれていました。アメリカがサウジアラビアから大量の石油を買い、代金として多額のドルをサウジアラビアに支払うと、サウジアラビアはそのドルでアメリカの兵器を大量に購入する。サウジアラビアが防衛をアメリカに依存することで、アメリカにドルが還流する仕組みになっていたのです。

ドナルド・トランプ前大統領は「ビジネスマン」ですから、武器を買ってくれるサウジアラビアが重要です。大統領になって最初の訪問先がサウジアラビアでした。しかしアメリカは民主党のバイデン大統領になると人権を重視して対応が変わります。

民主党政権はサウジアラビアとの関係を見直し始めました。**そんなアメリカの穴を埋めるようにサウジアラビアに急接近したのが中国でした。**

## ■石油取引を人民元決済に？

２０２２年12月、中国の習近平《しゅうきんぺい》国家主席が、２０１６年1月以来、約7年ぶりにサウジアラビアを訪問しました。サウジ側のもてなしは、同年7月のバイデン訪問のときとは比較にならないものでした。利害が一致するのはもちろん、専制主義国家同士、通じ合うものがあるのでしょう。

サウジアラビアは国家戦略として「ビジョン２０３０」を掲げています。**ムハンマド皇太子は石油への依存度を減らし、観光など、産業の多角化を進めたい。中国マネーを取り込みたいのです。**

中国の仲介で
サウジアラビアとイランが
関係改善
人民元
人権
中国
サウジアラビア
イラン
アメリカの
居ぬ間に
2023年3月 中国の仲介で国交正常化
中国の思惑
中東での影響力を
拡大したい
そのために▼
石油取引の
人民元決済
内政（人権問題など）
干渉をしない
アメリカは
サウジアラビアの
人権問題や
石油減産などで
関係悪化

サウジアラビアを訪問した習近平国家主席は、石油取引の人民元決済を提案しました。石油は世界最大の貿易品目であり、現在はその多くが米ドル建てで取引されています。これこそが、基軸通貨ドルの強さの源泉となっています。

しかし、**石油を人民元建てで取引できるようになれば、米ドルの覇権が揺らぎます。中国は、人民元を国際通貨にするのが国家戦略なのです。**

サウジアラビアの首都リヤドで開催された第1回中国・アラブ諸国サミット（アラブ諸国約20カ国が参加）で基調演説を行った習近平国家主席は、「中国とアラブ諸国はシルクロードの時代からの友人であり、運命共同体である」と述べ、GCC（湾岸協力理事会）諸国との石油貿易に関して輸入と人民元決済を拡大していく考えを示しました。

また、**人権問題でも連携し始めました。**サミット終了後の共同声明では、各国は「民主主義を名目にした内政干渉」、「人権問題の政治化」に反対すべきだと明記しました。**アラブは中国同様、人権問題でアメリカやヨーロッパと対立する国が多いため、欧米の干渉を快く思っていません。**

民主主義や人権を重視する欧米に対し、中国は人権などお構いなし。どんな独裁国であっても平気でつき合います。「内政には干渉しません」というのが旗印です。

さらに「リヤド宣言」には、**アラブ諸国は「台湾は中国の不可分の領土であることを再確認し、台湾独立に反対する」ことが盛り込まれました。**

イランで革命が起きて以降、アメリカとイランは険悪な関係がいまも続いています。それもあってアメリカは、イランと対立するサウジアラビアとはうまくやってきました。しかし、バイデン政権は人権問題を重視しています。サウジアラビアが反発し、意趣返しのように中国と接近したのです。

今後、アラブは中国と一体となってアメリカに対抗していくのか、一方で、アメリカは今後どうアラブに関与していくのか。アメリカもドル覇権だけは手放したくないはず。**中東は米中覇権争いの舞台となりそうです。**

## ■ドイツ代表「口を覆うポーズ」は何のため

もう1つ、2022年、中東で批判の的になった国があります。ワールドカップ開催国であるカタールです。

大会中、日本と対戦したドイツの選手たちは、試合前の写真撮影のとき、揃って口を覆うポーズをとっていました。いったい、どんな意味を持つのか。

ドイツ代表主将は、「ONE LOVE」と書かれた腕章をつけて試合に出場しようとしていました。**多様性と相互尊重、カタールの人権問題に抗議をすることが狙いでした。**ところが、これをFIFAが認めなかったため、人権問題について「声を上げることを許さない決定に対しての抗議」の意味を込めて、口を覆うポーズをとったのです。

カタールでは、同性愛を法律で禁じています。男性同士の性行為を禁止し、相手が16歳未満の場合は終身刑です。性的マイノリティも犯罪で、LGBTQの人たちがカタールの公安機関によって身柄を拘束され、虐待されていると国際的な人権NGOヒューマン・ライツ・ウォッチは伝えています。

これは**イスラム教の聖典「コーラン」が認めていないからです。よってカタールだけの問題ではなく、中東のイスラム圏はどこも同じなのです。**

カタール政府は、「ワールドカップ開催中に同国を訪れた外国人が同性愛で罪に問われることはない」と宣言しましたが、欧米の先進国からすれば時代錯誤に映るのでしょうね。

ちなみに主将が「ＯＮＥ　ＬＯＶＥ」の腕章を着用する予定だったヨーロッパのチームは、イングランド、ウェールズ、ベルギー、デンマーク、フランス、ドイツ、ノルウェー、スウェーデン、スイス、オランダ（このうち、ノルウェーとスウェーデンはワールドカップカタール大会に出場していません）。

このことからもわかるように、**「人権」は、ヨーロッパの人たちが最も重視している基本的な要素**なのですね。

ただＢＢＣの報道によれば、今回ワールドカップに出場したヨーロッパの主将全員が同様の見解を持っていたわけではなさそうです。中には「カタールに敬意を表したい」として、腕章はつけないと表明していた主将や、カタールの施策はイスラム法に基づくもので、外国人が他国に来てその国の信仰を尊重しない行動を取ることに違和感を示した選手もいたようです。

## ■外国人労働者6500人以上が過労死

**性的マイノリティに対する人権侵害のほかに、ワールドカップ開催の裏で問題視されたのが、カタールの「外国人労働者の大量死」という問題でした。**

イギリスの新聞「ガーディアン」、あるいは国際人権団体アムネスティ・インターナショナルの発表によると、カタールでのワールドカップ開催が2010年に決まって以来、インドやバングラデシュなどからの出稼ぎ労働者6500人以上が、スタジアム建設などに従事する中で死亡したといいます。

カタールにおける労働者の待遇をめぐる問題は、ヨーロッパではたびたび取り上げられ、批判の声が上がっていました。スペインのバルセロナやフランスのパリ、ドイツのケルンなどヨーロッパ各地でパブリックビューイングが実施されないという動きが広がりました。

中東のカタールへは、私も取材に行ったことがあります。面積は日本の秋田県よりもやや狭いぐらいの国で、国土が海に面しているので湿度が高く、夏の外気温は40度以上になります。肉体労働には過酷な環境です。そんな中、今回は満足な水と食事、休憩も与えられず、大会の開催に向けて突貫工事で会場建設が進められてきたというのです。

カタール政府は「真実ではない」と否定していますが。

**カタールは人口の9割が外国人労働者です。**これはカタールに限らず、UAE（アラブ首長国連邦）も同じこと。**人口が少ない湾岸アラブ諸国は、働き手を外国人労働者に頼っているのです。**

カタールを開催地に選んだ当時のFIFA会長ゼップ・ブラッター氏は、カタールに開催権を与えたのは「間違った選択だった」とコメントしています。

## ■カタールにアメリカ軍の基地がある理由

**カタールは小国ですが、実は中東最大のアメリカ軍基地がある**ことは知られていないのではないでしょうか。

カタールなど湾岸諸国には、親米国家が多いのです。やはりそれはイランが怖いから。**アメリカ軍を受け入れることを、自国の安全保障政策にしているのです。**

また、**カタールで存在感を示しているのが「アルジャジーラ」。中東のCNNとの異名を持つニュース専門の衛星放送局です。**

アラブ諸国の放送局の多くは国営放送で、政府の方針を伝えるプロパガンダ機関のようになっていますが、アルジャジーラは自由な報道が認められ、今回、自国カタールの人権問題についてもヨーロッパがどう伝えているかを報道していたようです。

アルジャジーラといえば、**中東・北アフリカの「アラブの春」に大きな役割を果たしたことでも**知られています。それ以前は国家ごとに情報統制が行われていましたが、アルジャジーラは衛星放送チャンネル。宇宙からの電波を阻止することはできませんでした。

アラブ諸国の国民は、自国の長期的な独裁政権に反感を持っていました。反対運動をしようにも人を集めるのは大変ですが、テレビなら国境を越えて24時間いつでも見ることができますから、国民が蜂起《ほうき》する大きな原動力となったのです。

## ■「アラブの春」〝唯一の成功例〟チュニジアも

**「アラブの春」は北アフリカのチュニジアから始まりました。それが周辺に拡大。2011年初頭から中東地域の各国で政権が交代、民主化運動が拡大していきました。**

しかし、民主化運動後、民主的に大統領が選ばれてもその後すぐ政権が交代した国もあり、**残念ながら多くが頓挫《とんざ》してしまいました。**チュニジアだけが「唯一の成功例」といわれていたのです。

2014年には男女平等や表現の自由を盛り込んだ新憲法も制定され、翌15年には、民主化の推進に主導的役割を担った労働組合など4団体からなる「国民対話カルテット」にノーベル平和賞が贈られました。

そのチュニジアで再び政治の混乱が続いています。汚職がはびこり、経済低迷から脱却できず、政権はめまぐるしく交代。2019年に就任したカイス・サイード大統領が強権的な統治を強めています。

結局、民主主義が根を張る土壌がなかったのですね。アメリカのヒラリー・クリントン元国務長官の回想録に書かれていたエピソードが印象的でした。

エジプトで独裁を敷いていたホスニ・ムバラク政権が崩壊した後、エジプトの学生たちと座談会を開催した際、「あなたたちがこれから政権をつくっていくのですよ」と伝えたら、学生たちはきょとんとしていたというのです。

**長期政権を倒したら後は誰かが新しい国づくりをしてくれるだろうと、他人頼みだったのです。**結局は、また新しい政権に対して不満を募らせるようになりました。

「アラブの春」はなぜ失敗に終わったのか。アラブの民衆が求めたものは、本当に民主化だったのか。そのとき、日本を含む世界はどのように反応したのか。そういう点も調べてみると、さらなる気づきがあるかもしれません。

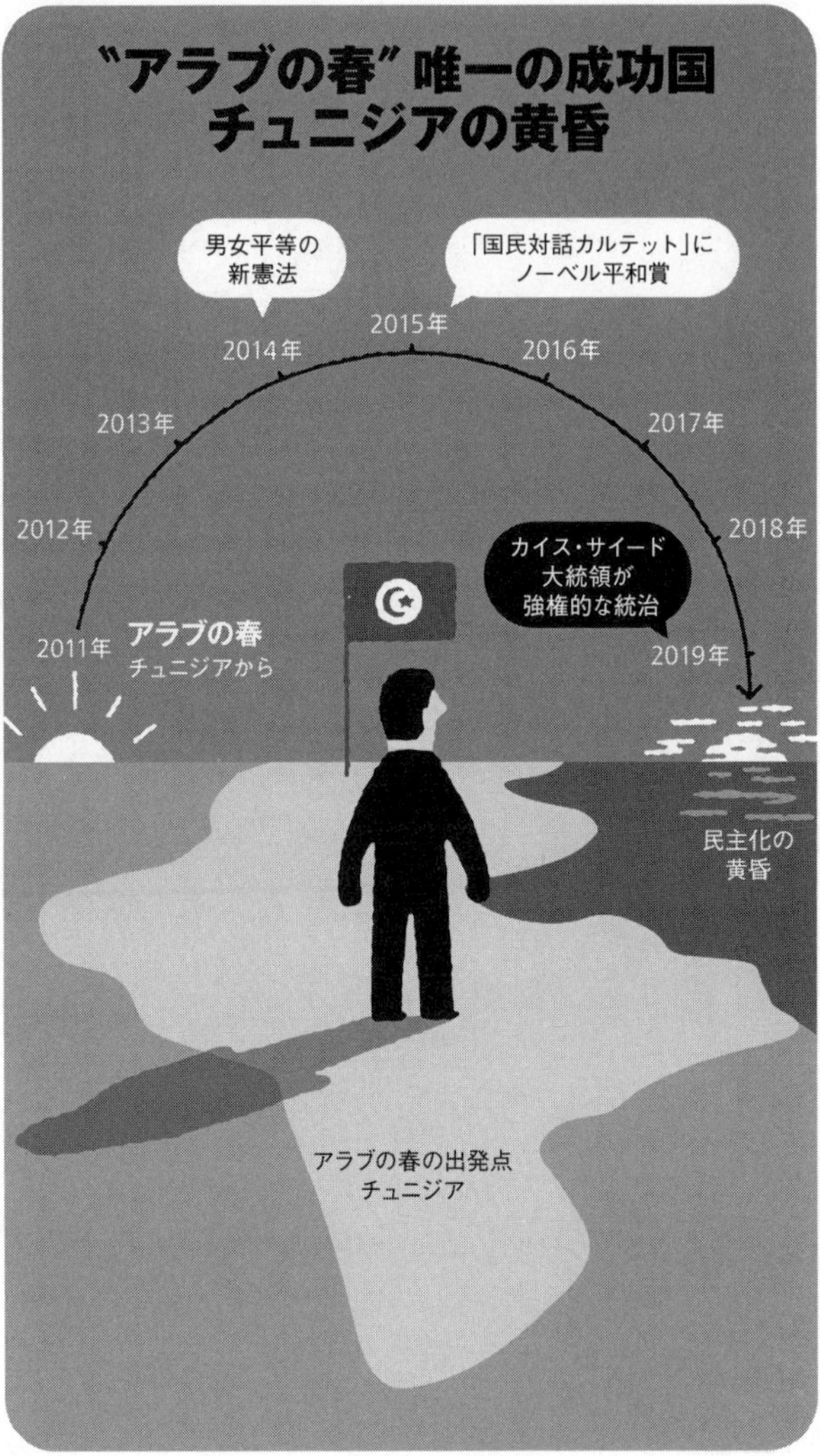

“アラブの春”唯一の成功国
チュニジアの黄昏
男女平等の新憲法
「国民対話カルテット」にノーベル平和賞
2015年
2014年
2016年
2013年
2017年
2012年
2018年
カイス・サイード大統領が強権的な統治
アラブの春
チュニジアから
2011年
2019年
民主化の黄昏
アラブの春の出発点
チュニジア

# 第4章　中国の斜陽、インドの台頭

## ■なぜ北朝鮮はミサイルを発射するのか

**北朝鮮（朝鮮民主主義人民共和国）が、かつてないペースでミサイル発射を繰り返しています。**弾道ミサイルは、そこに核弾頭や生物兵器、化学兵器を載せれば「大量破壊兵器」になります。日本の上空を通過して太平洋に落下したものもあり、突然鳴ったJアラートの音に驚いた人もいたでしょう。

そもそも北朝鮮の発射の意図は何なのか。1発が何億円もするミサイルを日本の排他的経済水域（EEZ）内外に落として何の利益があるのか。日本が標的になる可能性はあるのか。ここは冷静になって考えてみましょう。

北朝鮮が求めているものは2つあると考えます。まず1つ目は、**「北朝鮮という国家の存続」**です。

1950年に勃発《ぼっぱつ》した朝鮮戦争がまだ終わっていないことは、以前このシリーズでも解説しました。簡単に振り返っておくと、朝鮮半島は1910年から日本が統治していました。しかし１９４５年の第2次世界大戦の終結（日本の敗戦）とともに、日本は朝鮮半島から引き揚げます。このとき北緯38度線を境に、北側をソ連が、南側をアメリカが占領して、それまで1つだった朝鮮民族が分断されたのです。

１９４８年、北朝鮮に成立した朝鮮民主主義人民共和国の初代首相となった金日成《キムイルソン》が、**１９５０年に朝鮮統一を目指して起こしたのが朝鮮戦争です。**武力で統一しようと38度線を越えて韓国（大韓民国）に侵略、奇襲攻撃を仕掛けたのです。

国連（国際連合）の安全保障理事会は韓国への軍事支援を決定。アメリカ軍を主体とした16カ国からなる国連軍を結成し、送り込みます。最初は奇襲攻撃をした北朝鮮が圧倒的に強く、あと一歩で韓国が消滅するところまで攻めていたのですが、国連軍の反撃で押し返され、１９５３年には朝鮮戦争の休戦協定が成立。**「終戦ではなく、休戦の状態」がいまも続いているということです。**

北朝鮮にしてみたら、「朝鮮戦争で、アメリカ主体の軍によって崩壊寸前まで追い詰められた」ことがトラウマになっているのです。何としても自分の国を守るため、アメリカまで届くミサイルを一生懸命に開発している途中というわけです。

このミサイルは、日本が標的になっているのではなく、アメリカを狙っているから東へ発射しているのです。アメリカに振り向いてほしいだけです。

もう1つの目標、それは朝鮮半島を統一したいのです。**北朝鮮のミサイル発射の目的は「国家としての存続」と、「韓国併合」です。**

## ■ソ連の緩衝地帯としてのモンゴル、中国

第2次世界大戦後、ソ連は東ヨーロッパを緩衝地帯にしました。西側からアメリカやヨーロッパが攻めてきても、とりあえず東ヨーロッパが戦場になります。ソ連は無事だし、その間に戦争の準備ができると考えました。

ソ連の北側は北極海に面しているからとりあえず安心。では、南側と東側はどうするか。南側にはモンゴルという、これもまたソ連の言うことを聞く国をつくりました。モンゴルによってソ連の南側の国境線は守られます。

さらに、内戦状態だった中国で毛沢東《もうたくとう》の共産党（現在の中華人民共和国の支配政党）も

北朝鮮がミサイルを発射する
2つの目標
アメリカまで届くミサイルを
1 北朝鮮という国家の存続
朝鮮戦争で
アメリカ軍によって
崩壊寸前まで
追い詰められた
トラウマ
2 朝鮮半島統一
朝鮮戦争は
休戦状態

ソ連が支援しました。ソ連が武器などを供与することで、蔣介石《しょうかいせき》が率いる国民党を台湾へ追いやった毛沢東が勝利し、いまの中華人民共和国ができたのです。

この段階でソ連は、中国を南側の緩衝地帯にしたいと考えていました。**ところがやがて毛沢東がソ連に反旗を翻すようになります。**東西冷戦時代にはソ連と中国の国境ウスリー川で両軍兵士が衝突。領有権をめぐって両軍とも多数の死者が出ました。これ以降、ソ連にとっては南の中国が弟分から仮想敵国になるのです。

当時、ソ連は中国の国境沿いに多数の軍隊を配置し、中国からの侵略に備えていました。中国は中国で、いつ核兵器が飛んでくるかもしれないという恐怖心から、中国全土の大都市に防空壕《ごう》をつくりました。たとえば北京《ペキン》の天安門《てんあんもん》広場の下には巨大な空洞があります。これは防空壕になっているのです。

しかし**ミハイル・ゴルバチョフ書記長の時代、ソ連と中国の関係が改善されます。**さらに、ソ連が崩壊してロシアになってしまったことによって、中国とロシアは敵対する関係ではなくなりました。現在は親密な関係になっていますが、歴史的には**中国もソ連もお互いを仮想敵国として牽制《けんせい》し合っていたことがあるのです。**

## ■ロシアは仕方なくいまも北朝鮮を支援

日本の敗戦が色濃くなった1945年8月、ソ連は満洲《まんしゅう》に攻め込み、そのまま朝鮮半島まで軍を進めます。北側にソ連が攻め込んできたことをアメリカが危惧《きぐ》し、38度線で朝鮮半島が南北に分断されることになりました。

本当は、国連が朝鮮半島全体で住民投票をして統一国家をつくるということになっていたのです。しかしソ連は、そんなことをしたら自分の言うことを聞く国がつくれないということで、38度線の北にソ連寄りの国をつくるのです。こうして朝鮮民主主義人民共和国ができ、トップにはソ連の言うことを聞く金日成を据えました。

北朝鮮は最初のうちはソ連に従順な国だったのですが、やがて独自路線を歩み始めます。ソ連の言うことを聞かない国になっていくのですが、ソ連にしてみれば北朝鮮が崩壊してしまえば国境線の向こうは韓国になります。アメリカ軍が駐留している韓国と国境を接するのは悪夢。北朝鮮に崩壊してもらっては困るので、ロシアになったいまも渋々北朝鮮を支援するという構図になっています。**ロシアがとにかく自分の国を守る緩衝地帯を置きたいために、北朝鮮が存在しているのです。**

## ■中国で抗議行動「白い紙」の意味すること

中国も、朝鮮戦争のときは北朝鮮の味方をして軍を送り込みました。**中国も北朝鮮をやはり緩衝地帯として重要と考えているのです。**

その中国では、異例の3期目となる新たな習近平《しゅうきんぺい》指導部が2022年10月23日に発足しました。新たな指導部のメンバーを見ると、なんと「習派」が8割。**まさに「1強」体制です。**

習近平にとってはトップダウンで何から何まで決めてしまえる環境が整ったわけですが、それでは一度決めた方針を誰が軌道修正するのかと懸念されていました。

まさに、その懸念は現実のものとなりました。

２０２２年の11月下旬から、**中国各地で習近平国家主席の「ゼロ・コロナ政策」に対する抗議行動が起きました。**

中国は最初こそゼロ・コロナ政策が功を奏し、感染者をゼロに抑え込むことに成功していたのですが、その後、デルタ株やオミクロン株などウイルスが変異すると感染力が強まり、ロックダウンを続けても感染拡大が止められなくなりました。

中国がそれでもゼロ・コロナ政策を続けたのは、中国製のワクチンが信頼性に欠け、「ウィズコロナ」の道を選ぶにはリスクが大き過ぎたからです。

厳しい行動制限を強いるゼロ・コロナ政策を続ける習近平体制に対し、若者たちが立ち上がりました。

上海《シャンハイ》や北京など、各地に白い紙を掲げて集まり、ゼロ・コロナ政策反対を訴えました。白い紙で顔を隠し、中には「習近平退陣！」とまで言う若者もいました。

白い紙は、「自分たちは言いたいが、言うことができない」ということを表しています。言論の自由がない国ならではですね。たとえば共産党批判の文言を書こうものなら、すぐに連行されるのがいまの中国です。

それなのに共産党や習近平を公然と批判する動きが出たことは、これまでの中国を知っている者からするとまさに驚天動地。もちろん中国共産党の指導部にとっても衝撃的な出来事だったはずです。

この抗議活動により、中国政府は締め付けを緩め始め、ゼロ・コロナ政策を転換しました。しかし、その後この抗議活動に参加していた若者たちは次々に当局によって連行され、行方がわからなくなっています。

「ゼロ・コロナ政策」は習近平国家主席の功績とされています。**「おかしい」と思っても、その問題点を指摘できる人物など、共産党政権の中にはいない。権力集中が進む中国では、政治リスクがより高まっています。**

## ■中国はなぜ台湾を欲しがる?

習近平が憲法改正までして国家主席の座に留《とど》まり、**成し遂げたかったことが、「台湾統一」です。**

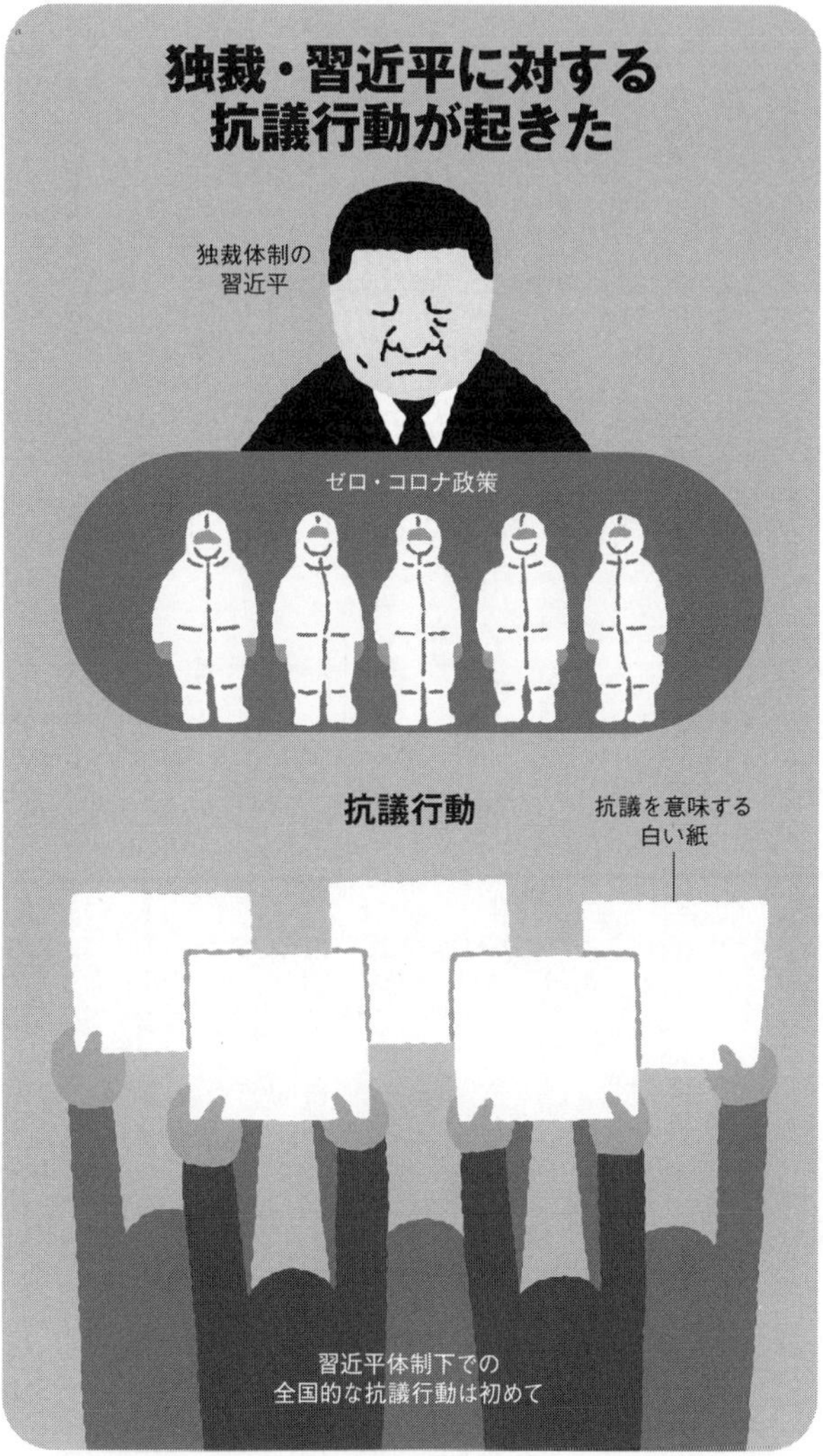
独裁・習近平に対する
抗議行動が起きた
独裁体制の
習近平
ゼロ・コロナ政策
抗議行動
抗議を意味する
白い紙
習近平体制下での
全国的な抗議行動は初めて

台湾は日本とも関係が深い地域です。日本が初めて海外に持った植民地だからです。台湾統一がなぜ習近平の悲願なのか。近代史をさかのぼれば見えてきます。

1894年に日清戦争が勃発します。翌1895年には日本が勝利し、戦争状態を終結させるため「下関条約《しものせき》」が締結されました。

勝った日本は、清（当時の中国）から遼東《りようとう》半島と台湾などを割譲され（ただし、遼東半島は、ロシア、フランス、ドイツによる三国干渉で後に清に返還）、台湾を統治下におきます。当時、台湾は北京から遠いし、中国にしてみれば〝蛮族が住んでいる「化外の地」〟。そんなに重要な場所ではなかったのです。

しかし、日本にとっては初めて手に入れた海外の領土です。ここを発展させようというわけで、多くの人材を投入し、交通、金融などのインフラを整備していきました。遅れた衛生状態の悪い台湾を近代化していくのです。

もちろん、日本によって統治されることに反対した台湾人はいました。けれども日本としてはそれを強権で抑え込みながら、学校などをつくっていきました。

台湾の教科書では、日本による植民地支配を批判する一方で、近代化に寄与したという客観的な評価もしています。

日本は日本語も強制しました。台湾の教科書には、自国の言葉を奪われたことへの批判がある一方で、日本語を学んだことで、科学技術や衛生の大切さなど、いろいろなことを知ることもできたという書き方になっています。

１９４５年、日本は太平洋戦争に負けたことで台湾から引き揚げます。このとき中国大陸は「中華民国」という国になっており、台湾はそこに編入されました。

## ■「犬去りて、豚来たる」

日本は戦争に負けて台湾を放棄するとき、きちんと「財産目録」をつくりました。こういうものをすべてそちらへ引き渡しますという書類です。それを、大陸からやってきた役人たちは自分のものにしてしまいました。

日本統治の終わった台湾では、もともと住んでいた人たちを「本省人」、本土からやってきた人たちを「外省人」と呼びました。外省人に対し、本省人の不満が爆発したのが1947年2月です。国民党政府の腐敗に怒った市民が立ち上がります。国民党は対応に苦慮し、中国本土から援軍を呼んで弾圧。大虐殺が始まります。2週間で2万8000人の住民が殺害されたとも言われています。特に日本統治時代に高い教育を受けた人たちが多く犠牲になりました。

**「犬が去って豚が来た」**という当時の本省人の気持ちを形容した言葉があります。台湾の人にしてみれば、犬（日本人）はキャンキャンとうるさかったけれど番犬にはなった。でも、豚（外省人）は食べるだけで何もしないという意味です。

日本の統治には反発したけれど、後から来た国民党のほうがはるかに酷《ひど》かったため、結果的に台湾の人たちが親日になったのです。

## ■国連の中国代表権問題

一方、**中国大陸では蔣介石率いる国民党と、毛沢東率いる共産党が対立。国共内戦が始まります。**結局、**共産党が勝利し、負けた中華民国の政府や国民党の関係者は台湾へ**

**と逃げ込む**のです。

中国本土は、国共内戦に勝利した中国共産党の独裁体制になりました。共産党が中国を統一しようとしていたら、蔣介石率いる国民党の残党が台湾へ逃げ込んでしまった。共産党にしてみれば、「その台湾を統一してはじめて中国統一という事業が完成する」と考えています。その後も、台湾に攻め込むチャンスを窺《うかが》う状態が続いてきました。

ここで問題になるのが、中国を代表するのは中華民国か中華人民共和国かということです。中国は国連の設立メンバーであり、安全保障理事会の常任理事国5カ国の1つです。設立当初の「中国」は、中華民国（国民党政府）でした。

1949年に国共内戦で国民党が敗れて台湾に逃れた後も変わらなかったのですが、1971年、**国連総会で中華人民共和国を中国と認定します。怒った台湾は国連を脱退しました。**

当時の日本の自民党（自由民主党）の中には「台湾を見捨ててはいけない」という反発もあったのですが、中華人民共和国のほうがはるかに人口は多いし、これからの経済や貿易のことを考えたらこちらを国として認めたほうがいいと、当時、首相だった田中《たなか》角栄《かくえい》が中華人民共和国を訪問して国交を正常化します。その後、1978年、福田赳夫《ふくだたけお》首相のときに中国と平和条約を結びます。

## ■李登輝総統時代に民主化が根付いた

日本では、台湾のトップを「総統」と呼びます。英語にするとプレジデントです。要は大統領です。蔣介石総統はカリスマ的な独裁者でした。独裁政権を続けていましたが、亡くなった後は副総統が後継となり、その後は蔣介石の息子の蔣経国《しょうけいこく》が3代目の総統となりました。この蔣経国は、父親のような独裁的なやり方ではなく「民主化をすべきだ」と考え、野党の存在を認めます。これにより民主進歩党（民進党）が結成されるのです。

蔣経国が1988年に死去すると、その後、総統に就任したのが李登輝《りとうき》です。この人は知っている人も多いでしょう。日本にとってもなじみ深い存在です。日本統治下の台湾で日本人として生き、京都帝国大学（現・京都大学）で学びました。４代目で初めて、**もともとの台湾住民である本省人のリーダーが誕生したのです。直接選挙で選ばれた最初の総統でもありました。**

**李登輝のもと、台湾ではますます民主化が進みました。**李登輝総統は台湾に民主化を根付かせた人物といっていいでしょう。

## ■どうなる２０２４年の台湾総統選挙

住民が台湾の総統を直接選挙で選ぶようになり、その後は、国民党が政権を失うこともありました。もともと国民党は本土から来た政党ですし、そもそも「中国は１つだ」という立場ですから、台湾にいても本土の中国と仲良くやっていきたいという思いがあります。

一方、民進党は本省人によってつくられた政党ですから、「われわれは本土とは別」「独立したっていいじゃないか」という思いがあります。しかし「独立」と言ってしまうと中国が怒って軍事衝突になりかねないため、「独立は望まない。現状維持でいい」という言い方をしています。

**2024年は、台湾で4年に1度の総統選挙があります。**過去7回行われた選挙では、国民党と民進党による政権交代が起きています。**中国との関係改善を重視する国民党が政権奪取を目指す中、台湾情勢の緊迫に注目が集まります。**

## ■中国が建設を請け負ったビルは盗聴器だらけ？

これまで中国は、**アメリカの関与が薄れる中東やアフリカに入り込む絶好のチャンスと見て「一帯一路」構想を掲げて積極的にインフラ建設を続けてきました。**とくにアフリカにおける中国の影響力はすさまじいものがあります。

「中国なしでわが国は成り立ちません」といったアフリカの国は多いのです。エチオピアの首都とジブチを結ぶ鉄道も中国がつくりました。

アフリカ版欧州連合ともいわれるアフリカ各国政府の協力機構であるアフリカ連合

台湾の未来を決める
2024年総統選挙
習近平の悲願は
台湾統一
2024年
台湾総統選挙
選挙の結果が
中台関係に
大きく影響する
国民党
民進党
台湾
• 親中
• 本土から渡ってきた
外省人が多い
• 次の総統選挙で
政権奪取を目指す
• 中国と距離を置く
• 本省人が多い
• 現在の与党
（蔡英文総統）

（ＡＵ）の本部ビル（エチオピア・アジスアベバ）も、全部中国が請け負いました。すると、ビルの要所要所に盗聴器が仕掛けられているのが見つかりました。アフリカへの影響力を高めるために、ＡＵ首脳の考えを知ろうとしていたのでしょう。

## ■中国61年ぶりに人口が減少

中国からの借金で経済を発展させようとする途上国は、借金まみれに苦しんでいます。たとえばスリランカの前大統領ゴタバヤ・ラジャパクサは中国から金を借り、自分の選挙区に誰も使わないような巨大なスタジアムを建設しました。スタジアムだけではありません。経済合理性を無視して人が集まらないようなところに空港をつくったものの利用者がまったくいない。結局、借金だけが残って国が破綻《はたん》してしまいました。国民が怒ってデモをしたところ、大統領は国外に逃亡してしまったのです。

そもそも借金をしてそんなものをつくる大統領が悪いのですが、貸した中国もどうなのか。途上国を借金漬けにして、返せないとなったらつくった港などの使用権を得る。

これが**中国の「一帯一路」構想なのです。**

その一方で、こうしてなりふり構わず経済成長してきた中国も、成長に暗雲が垂れ込めてきました。**人口がついに減少に転じたのです。**

中国の国家統計局が発表した2022年末の人口推計によると、外国人を含まない中国本土の総人口は14億1175万人。前の年に比べて85万人減少しました。**中国の人口が減少に転じるのは61年ぶりだそうです。**

人口は経済成長の原動力ですから、中国の今後の成長に影響を及ぼすことが懸念されます。人口が減ったのは少子高齢化が原因です。中国ではかつてないスピードで少子高齢化が進んでおり、65歳以上の高齢者の数は2億978万人。高齢人口だけで日本の人口の2倍近くいるのです。人口比にすると約15％に達し「高齢社会」と呼ばれる基準の14％を突破しました。**働き手が減少しているのです。**

これは1979年から2014年まで実施された「一人っ子政策」のツケです。1組の夫婦につき、子どもは1人までとする人口抑制計画です。

中国は2021年になって「子どもは3人まで認める」と方針転換しましたが、豊かになった国民は「一人っ子で十分」と思うようになっており、時すでに遅し……。中国は景気対策として住宅の建設を進めましたが、**人口減少で家余りも問題となっています。**

## ■これからの注目国は「インド」

長く人口世界一だった中国が人口減少に転じる一方、**その中国を抜いて人口世界一に躍り出たのがインドです。**

しかもインドは高齢化とは無縁で、人口の半分が30歳未満。**これから世界で最も急成長を遂げる大国になることが見込まれています。**

アジア開発銀行はインドの2023年の実質成長率を7・2％と、域内46カ国・地域で最高になると予測します。

また、国際通貨基金（IMF）によれば、2022年の国内総生産（GDP）はかつての宗主国のイギリスを上回り、世界5位に浮上。2027年には日本を抜き、アメリカ、中国に次ぐ3位になるというのです。

インドは民主主義国であることを誇っていますが、ロシアのウクライナ侵攻については、欧米の対応とは一線を画しています。**インドは歴史的にロシアと親密です。**インドの武器の多くはロシア製。対ロシア制裁には慎重で、いまもロシアから安価な石油や石炭などのエネルギー輸入を増やしています。

インドはアメリカ・日本・オーストラリアとともに安全保障面で協力していこうという「QUAD」（クアッド）の枠組みをつくっているのに、なぜ足並みを揃えないのか。それは、**インドは第2次世界大戦後ずっと「東側、西側、どちらの陣営にもつきません」という立場。いわゆる「非同盟主義」なのです。**

1953年、インドのジャワハルラル・ネルー首相は戦争に反対し、平和維持に努力する諸国によって「第三地域の結成」を提唱し、**中立を守るインド外交を説明しました。**いわばインドは第2次世界大戦後ずっと、**第三世界の盟主。**いまもその姿勢を守っているに過ぎません。**インドこそ、まさに「全方位外交」です。**

分断が進む世界で、これからインドが国際政治上の存在感を高めていくことは間違いないでしょう。

## ■スリランカに救われた日本

この章の最後に、スリランカについて是非、知っておいてほしい話を紹介します。

2022年、財政が破綻したスリランカはインド洋に浮かぶ島国で、かつては「セイロン」と呼ばれました。日本でも紅茶のセイロンティーは有名です。

NHKの報道によれば、安倍晋三《あべしんぞう》元首相の「国葬」への参列のため来日したラニル・ウィクラマシンハ大統領はNHKのインタビューに応じ、今後の債務再編に向けて債権国を集めた協議を日本に主導するように求めたとか。日本の協力に期待しているのです。

そもそも、日本はスリランカには頭が上がらない過去があります。第2次世界大戦中、日本軍はインド洋まで進出しました。イギリス軍の基地があったからです。

あまり知られていませんが、日本海軍はセイロン島のコロンボの港を爆撃したことがあります。イギリスの植民地で、イギリス軍がいたからです。

戦後、日本がアジアの国々に戦時賠償金を払うことになったとき、当時のセイロンはそれを辞退しました。セイロン島は被害を受けたにもかかわらず、「同じ仏教国だから」と、サンフランシスコ講和会議のセイロン（現スリランカ）代表ジュニウス・ジャヤワルデネ（のちに大統領）が、対日賠償請求権の放棄と、日本の早期の国際社会復帰を訴えてくれたのです。

敗戦国になった日本の扱いについて話し合う１９５１年のサンフランシスコ講和会議において、参加していたジャヤワルデネ代表がブッダの言葉を引用しながら、「憎しみは憎しみによって消え去るものではない、慈悲によって消え去るものである」とスピーチして、会議の流れが変わったといいます。

日本はすっかり感激し、その後ＯＤＡ（政府開発援助）でずっと支援を続けていますが、今回も日本が少しでも恩返しできるといいですね。

ちなみに台湾も同じ言葉を使い、対日賠償請求権を放棄しました。そのため中華人民共和国が日本と国交正常化をするとき、賠償金を請求するわけにはいかなかったという経緯があります。

# 第5章　激戦の行方、各国の思惑

## ■ヨーロッパ各国が過去の「人道に対する罪」を謝罪

２０２２年12月、オランダのマルク・ルッテ首相が、**19世紀半ばまで3世紀近くにわたり奴隷貿易を行っていたことについて、国家を代表して公式に謝罪しました。**

ハーグで演説したルッテ首相は「オランダ国家は、奴隷にされた人々やその子孫の計り知れない苦しみに責任を負っている。政府を代表して国家の過去の行為を謝罪する」と語りました。

２０２１年、アメリカでも似たようなことがありました。アメリカのバージニア州政府が、**ロバート・E・リー将軍の銅像を撤去したのです。**リー将軍は南北戦争で奴隷制維持を掲げる南部連合軍を指揮した英雄ですが、現代の価値観にそぐわないというわけです。

いまかつての「列強」の国々が、**過去の植民地支配などについて改めて謝罪しようという動きが進んでいます。**自分の国の歴史を振り返ってみると、必ずしもすばらしいとは言えないこともあると冷静に受け止めようということでしょう。

こうした動きを加速させたのは、2020年にアメリカで黒人男性が白人警官に殺害されたことをきっかけとした、黒人差別に対する抗議デモでした。

2020年、デモは大西洋を越えてイギリスに波及しました。南西部のブリストルで、17世紀の奴隷商人エドワード・コルストンの銅像がロープで引き倒され、抗議者たちによって海に投げ入れられたのです。

ドイツでも、2021年、第1次世界大戦前に植民地支配していたナミビアで行った住民の虐殺を正式に認め、「ナミビアと犠牲者の子孫らに許しを乞《こ》う」と謝罪しています。ナミビアに11億ユーロの支援も表明しました。

フランスのエマニュエル・マクロン大統領もルワンダでの大量虐殺の政治的責任を認めています。

ヨーロッパはいわゆる「列強」といわれた時代、植民地支配をした国の住民に本当にひどいことをしてきました。それをようやく認め始めたのです。当時略奪した品物などの返還も始めています。

自分たちの父祖たちが植民地支配をしていた時代の罪を、その後の子孫たちが謝罪するというのはなかなかできることではありません。日本はどのような態度を示すのか。政府の姿勢が問われます。

## ■オランダ首相、ユダヤ人迫害を謝罪

オランダのルッテ首相は、2020年1月、**第2次世界大戦中にナチス・ドイツからユダヤ人を守らなかったことについても謝罪しました。**

AFP通信によれば、第2次世界大戦前のオランダには約14万人のユダヤ人が暮らしていましたが、戦争を生き延びたのはわずか約3万8000人だったといいます。

ちなみに、ドイツでクーデター未遂事件を起こした「ライヒスビュルガー」は「反ユダヤ」です。反ユダヤはいまだにヨーロッパにたくさんいて、何かあるたびにユダヤ人墓地が倒されたり壊されたりしています。

そもそも、なぜユダヤ人はヨーロッパで嫌われるのか。おさらいしておきましょう。

ユダヤ人の定義というのは、一般的にいう「日本人」とか「中国人」とかいうものとはちょっと違います。**ユダヤ教徒＝ユダヤ人です。**ユダヤ教徒の母親から生まれればユダヤ人ですし、他の宗教からユダヤ教に改宗した人もユダヤ人になります。よって、白人もいれば黒人もいますし、アジア系もいるのです。

ユダヤ人は、「ヘブライ人」とも呼ばれます。もともと現在のイスラエルのあたりに住んでいましたが、紀元70年、ローマ帝国によって滅ぼされて自分の国を失い、人々は周辺へと散らばっていきます。これを「ディアスポラ」といいます。とりわけ、**ディアスポラでヨーロッパに移り住んだ人たちが差別を受けるわけです。**

新約聖書「マタイによる福音書」の27章に、ユダヤ人がキリスト教社会で差別を受ける根拠があります。

イエスが十字架にかけられる前、当時この地を治めていたローマ総督のピラトが集まった群衆に対し「キリストといわれるイエスはどうしたらいいのか」「いったい彼がどんな悪事を働いたというのか」と問いかけます。ピラトはイエスを処刑したくなかったからです。群衆はいっせいに「イエスを十字架にかけろ」と叫びました。

ピラトが「この人の血について私には責任がない。おまえたちが自分で始末をすればよい」と言うと、民衆全員が「その血の責任はわれわれとわれわれの子孫の上にかかってもよい」と答えました。

このことからユダヤ人が、キリスト教社会のヨーロッパで、「イエスを殺した者の子孫」として迫害を受けることになるのです。ユダヤ人はそれに耐え、自らの信仰を守り続けました。

「安息日」である土曜日の昼に集まり、ユダヤ人にとっての聖書（旧約聖書）を読み、救世主（メシア）の出現を待つのです。

**ヨーロッパでは、自分たちがユダヤ人を差別しているから、差別をされているユダヤ人が反逆してくるのではないかという恐れを常に抱いてきました。**

その差別意識を利用したのがアドルフ・ヒトラーです。強制収容所に入れて迫害し、根絶やしにしようとしたのです。

いまのドイツも民主主義の国ですから、もちろん言論の自由、表現の自由は保障されています。けれども、ナチスを賞賛するような言動はタブーです。**ナチスの思想を肯定**

**的に評価すると、犯罪になるほど徹底しています。**

## ■ウクライナの「ネオナチ」とは何か

世界が新型コロナウイルスの感染拡大から回復を遂げつつあった中、ロシアによるウクライナ侵攻が始まりました。

ウラジーミル・プーチン大統領は、ウクライナで戦争を始めるにあたって、「ネオナチの支配からロシア系住民を解放する」と言いました。**ネオナチとは、ネオ・ナチス＝新しいナチスという意味です。**

ナチスの考え方をナチズムといいます。**アーリア人こそが優秀で、それ以外の劣等民族は追放するか処分しなければならないという恐るべき思想**でした。その現代版がネオナチ。**この場合は白人至上主義です。**

実は第2次世界大戦中、ドイツ軍がソ連に攻め込んだ際、それまでのソ連の統治に反発していたウクライナの人たちの中にドイツ軍に協力した存在があったのです。その一方で、ソ連軍として戦ったウクライナの人たちもいました。ドイツとソ連の戦争の最中、ウクライナの人たちは敵味方に分かれて殺し合ったのです。ドイツ軍に協力したウクライナ人の民族主義者組織の指導者がステパン・バンデラといいます。彼らはドイツに協力してウクライナ国内のユダヤ人狩りに手を染めていました。ソ連がドイツに打ち勝った後、ウクライナではバンデラは唾棄《だき》すべきナチスの一味というのが公式見解になりました。

しかし、ソ連が崩壊してウクライナが独立を果たすと、「ウクライナ独立のために戦った」という再評価が行われました。ロシアのプーチン大統領は、これが許せません。再評価を認めているウクライナ政府はネオナチだというわけです。

さらにバンデラを評価する勢力が、民間の「アゾフ連隊」を組織し、2014年にウクライナ東部で親ロシア派勢力による武装闘争が始まると、戦場で戦っていました。その後、アゾフ連隊は国家親衛隊として正式にウクライナ軍に編入されています。現在では設立当初のようなネオナチはほとんどいなくなったと言われていますが、**プーチン大統領は、この事実を指して「ネオナチだ」と非難しているのです。**

## ■ウクライナ戦争は「代理戦争」

**ウクライナ戦争は人道危機だけでなく、食料やエネルギーの供給に影響を及ぼし、世界経済はインフレの加速と成長の減速に悩まされることになりました。**

ウクライナ戦争は、ロシア対ウクライナというだけではなく、ロシア対欧米という大きな構図があります。

ロシアがウクライナに侵攻すると、アメリカやヨーロッパの国々はウクライナ軍を支援しました。しかし**ロシアとアメリカは、直接には戦争しない。これはかつての東西冷戦時代と同じ構図の代理戦争でしょう。**

東西冷戦時代、朝鮮半島で発生した朝鮮戦争で、北朝鮮をソ連と中国が支援し、韓国をアメリカが支援しました。ベトナム戦争も、北ベトナムをソ連と中国が支援し、南ベトナムをアメリカが支援しました。これも代理戦争でした。**東西冷戦時代は、世界のあちこちで代理戦争が行われました。**

**今回はまさにウクライナで、その代理戦争が行われているということです。**

２０２２年2月、ロシアがウクライナに軍事侵攻した初期のころ、ウクライナ軍は当初の想定以上に善戦しました。これはいわばウクライナがデジタルを駆使した21世紀の戦争をしたのに対し、ロシアはアナログの20世紀の戦争をした。この差が出たのです。

ロシアがウクライナに攻め込んだとき、ロシアは軍の内部でさまざまなやりとりをするための盗聴防止装置付きの携帯電話をごく少ししか持っていませんでした。ウクライナ国内での通信もうまくできませんでした。

そのため、ロシア軍の兵士たちはウクライナの携帯電話会社の店を襲撃し、店から携帯電話を奪ったり、ウクライナ市民から携帯電話を取り上げたりして使用しました。奪った携帯で連絡を取り合ったり、故郷に電話をしたりしました。

しかし、ウクライナの携帯電話会社を使っているわけですから、ウクライナ軍は盗聴し放題です。ロシアの兵士たちが電話でどんなやりとりをしているか、ウクライナ側は手の内を知ることになりました。

## ■人工衛星が変えた21世紀の戦争

ウクライナはロシアに侵攻されて以来、ロシア軍の攻撃で携帯電話用の中継基地がいくつも破壊され、携帯電話やインターネットがつながりにくい状況が起きていました。このとき当時のウクライナの副首相兼デジタル転換担当大臣のミハイロ・フェードロフがツイッターで、イーロン・マスクに助けを呼びかけました。

「イーロン・マスクさん、あなたが火星を植民地にしようとしている間に、ウクライナはロシアに占領されてしまいます。ウクライナにスターリンクを提供してください」

スターリンクとは、イーロン・マスクが率いる宇宙スタートアップ「ＳｐａｃｅＸ」が提供する「衛星インターネットアクセス」のサービスです。非常に低い高度で地球上を実に２０００もの人工衛星が取り巻いていて、どこにいても必ず連絡が取れます。

イーロン・マスクは、フェードロフの呼びかけに直ちに反応し、スターリンクの中継器が大量にウクライナに送り込まれました。

こうして**ウクライナ軍兵士はスターリンクの衛星を経由して戦場においても途切れることなく情報をやりとりすることができました。**ウクライナ市民たちも、ロシア軍が通ると、「○月○日○時○分、ロシア軍の戦車がここを通過」と速報したり、生々しい動画を世界中に配信したりすることができたのです。

余談ですが、かつて安倍政権時代の日本のサイバーセキュリティ担当大臣は、インターネットを使っていない（実際は、自分でパソコンを打つことはないとの発言でした）ことが海外メディアで話題になりました。デジタルの遅れが問題視され、これをきっかけに、現在の「デジタル庁」が発足しました。

## ■「デジタル・ウクライナ」VS「アナログ・ロシア」

21世紀の戦争には、これまでの時代にはなかった新しい技術が兵器となります。もう1つ、ウクライナが徹底抗戦できている理由があります。

ロシア軍もウクライナ軍も、もともとはソ連軍の一部でした。ソ連軍というのは極めて官僚的な組織でした。「必ず将校の言うことを聞け。現場は判断するな」、こういう軍隊です。ロシア軍にはいまもその伝統が残っています。ですから、戦場で将校が死んでしまうと、その下の兵士は何をしていいかわからず、機能が停止してしまうのです。

ところがウクライナ軍は、２０１４年にクリミア半島を占領されて以降、ＮＡＴＯの軍事訓練を受けていました。もちろん軍隊ですから将校の言うことを聞くのは当たり前ですが、戦場では混乱が付き物。将校から離れてしまうことはしばしば起きます。現場で一人ひとりが自分の頭で考え判断し、自主的な行動を取れということを叩《たた》き込まれました。ウクライナ軍は、創意工夫をしてロシア軍を翻弄《ほんろう》したのです。

ロシアは核兵器を保有する世界有数の軍事大国です。両国の戦力を比較すると、その差は歴然です。本格的な戦争が始まれば、ウクライナは数日と持たないと予測する専門家も多かったのです。

ところが、ウクライナ軍はこうして持ちこたえている。**デジタルを使った21世紀の戦い方のウクライナと、アナログの20世紀の戦い方のロシアの差が、こんなにも出てくるのだということがわかります。**

## ■ドイツが「レオパルト2」を供与

ウクライナの戦争開始から1年が経とうとする2023年1月下旬、ドイツがついに主力戦車「レオパルト2」を供与すると発表しました。

ドイツといえば、当初ウクライナにヘルメットを5000個供与することだけを約束して苦笑されるほど、武器の供与には慎重だった国です。ウクライナから軍事支援を頼まれているにもかかわらず、「紛争が起きている国に兵器を供与することはできない」と、武器供与を渋ってきました。

なぜドイツが支援をためらってきたのか。ここには歴史問題が大きく影響しています。第2次世界大戦はナチス・ドイツが引き起こしました。過去の反省から、戦車を供与してよいものか、ドイツはロシアとの戦争を避けるために、細心の配慮をしてきたのです。

しかし、ウクライナがヨーロッパ各国に戦車の供与を求めると、ドイツ製「レオパルト2」を保有しているポーランドやフィンランドが「ドイツ政府の許可が得られればウクライナに供与する」という態度を表明してしまいました。こうなると、**ドイツとしても迷いながらも、供与を決断しました。**しかしいまの時代の戦争において、なぜ戦車が必要なのか。

## ■「コントロール」された戦争

ミサイルやドローンは相手の建物を壊したり、兵士に損害を与えたりすることはできます。しかし、占領された領土を取り戻すには、兵士がその場へ行かないと不可能です。とはいえ、兵士だけで向かうと大きな損害を受けます。そこで、戦車を先頭にして歩兵が戦車の後方につき、一緒になって進軍し、奪われた領土を奪還しようというわけです。

これまで欧米各国がウクライナに渡してきた武器は、被害を食い止めるためのものでした。それが**より積極的に「領土を取り戻すため」の武器に変わってきたのです。**

ドイツ製の「レオパルト２」は最新鋭の戦車で、安定性に優れ高速で移動しながら正確な砲撃が可能です。でこぼこ道を進んでも砲の先端が揺れないという画期的な戦車です。今後のウクライナ軍の反撃にそれなりの役割を果たすことでしょう。

基本的にウクライナ戦争は、アメリカによってコントロールされた戦争です。一般論として、自国が他国から攻められたら、反撃のために相手国を攻撃します。当然の権利であるはずなのに、アメリカはウクライナにそれを認めようとしません。

「ロシアを攻撃はするな、でも、ウクライナ国内でロシアと戦う分にはアメリカはいくらでも応援する」ということなのです。

ロシアの力を弱めていけば、ロシアは他の国を侵略する余力がなくなる。**ロシアが攻撃できないようにするのが、ヨーロッパにとっていちばんの安全保障になる**ということです。いわば、**コントロールされた戦争**というわけです。

## ■ロシアを非難しているのは世界の4分の1

日本にいると、どうしても世界のほとんどの国がウクライナを応援し、ロシアを批判しているだろうと思いがちですが、実際、ロシアに経済制裁をしている国は世界の４分の１でしかありません。残りの４分の３は少なくともロシアを批判しない、あるいはロシアを批判はしても、経済制裁はしていないのです。

とくにインドや中国は、経済制裁をするどころか、ロシアから安く石油を購入しています。

２０２２年11月、バリ島で行われたＧ２０サミットの首脳会議は、インドネシアが初めて議長国を務めました。ロシアのウクライナ侵攻後、初めてのＧ２０サミットでした。アメリカなど西側諸国はロシアをＧ２０首脳会議から排除するように求めましたが、インドネシアのジョコ・ウィドド大統領は、「すべてのメンバー国を招待するのが議長国の義務だ」と中立の姿勢を貫き、６月にはロシアを訪問しました。Ｇ２０への参加を働きかけると、セルゲイ・ラブロフ外相が出席しました。欧米とロシアが激しく対立する場面もあったようですが、「核兵器の使用や威嚇は許されない」と明記した首脳宣言を採択しています。インドネシアの粘り勝ちと言ってもいいでしょう。

日本ではどうしても西側メディアのニュースが大きく伝えられるので、なんとなく世界中がロシアを批判しているように思うのですが、**世界には、どの大国にも依《よ》らずバランスをとっている国のほうが多いということです。**

## ■ロシアの反対でまたも「NPT再検討会議」決裂

一方、2022年8月に行われた「NPT再検討会議」は、残念な結果に終わりました。

NPTとは、「核拡散防止条約」ないしは「核不拡散条約」と呼ばれるものです。要は、**核兵器を持つ国をこれ以上増やさないようにしようという条約です。**

ニューヨークの国連本部で開かれていたのですが、最終文書案にロシアが反対し、決裂して閉幕しました。

日本は世界で唯一、核兵器を落とされた国です。1945年、日本の広島と長崎に原爆が落とされ、あまりの脅威に恐怖を感じた国々は、「自国も核兵器を持てば、他国に対して有利になる」と考え、アメリカに続いて核兵器を持つ国が増えていきました。ま

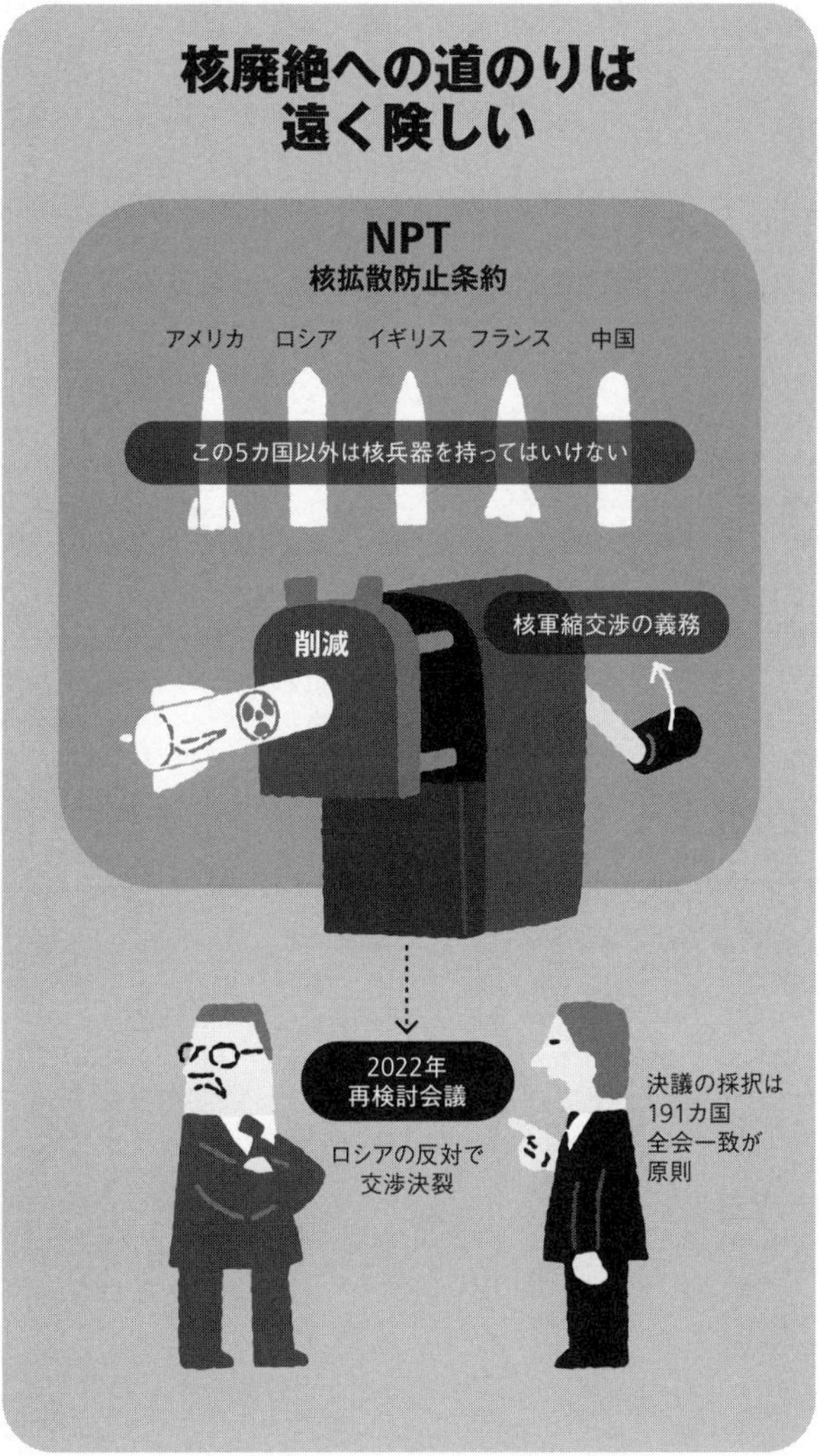
核廃絶への道のりは
遠く険しい
NPT
核拡散防止条約
アメリカ
ロシア
イギリス
フランス
中国
この5カ国以外は核兵器を持ってはいけない
削減
核軍縮交渉の義務
2022年
再検討会議
ロシアの反対で
交渉決裂
決議の採択は
191カ国
全会一致が
原則

ずはソ連、続いてイギリス、フランス、そして中国と続きました。

5カ国が核保有国となった段階で、「この調子で核兵器を持つ国が増えたら大変だ」と、この条約が成立しました。5カ国以外の核保有を禁止したのです。

5カ国だけが持っていいとは実に不平等な条約ですが、これ以上、増えたら困るので日本も含め世界各国は条約に賛成しました。

## ■2003年、北朝鮮が脱退

しかし、「不平等だ」と、この条約に参加しなかった国もあります。インド、パキスタン、イスラエルです。参加しないということは「いずれ持つつもりでは」と疑われたのですが、その後、案の定いずれの国も核保有国となりました。

そもそも、核兵器を持っていない国が、条約に参加するメリットなどないのではと思われるかもしれませんが、そこにはメリットが用意されました。「核兵器を持たない」と約束した上でなら、核兵器を持っている国から原子力発電の技術の供与を受けることができるのです。

こうして北朝鮮はソ連から原子力発電の技術の供与を受け、密《ひそ》かに核兵器の開発を進めました。これを世界各国から非難されると、2003年にさっさと条約から脱退してしまいました。

ではすでに持っている国は、核をなくさなくていいのか。**条約では、とりあえず「核兵器を直ちに放棄しろ」とは言わないけれど、徐々に放棄するように交渉をしていく予定だったのです。**

## ■核廃絶というゴールは遠く

この条約は、当初25年の期限付きでした。発効から25年経った1995年に再検討会議が開かれ、そのときに無期限延期が決まりました。その後は5年ごとに再検討会議が開かれているのですが、前回の2015年の再検討会議では、加盟国の意見が対立して何の決議もできないままでした。2020年こそ前進をと期待されたのですが、新型コロナウイルスの感染拡大の影響で延期となり、ようやく2022年、再検討会議が開かれたのです。

**この会議では191カ国すべてが賛成しないと決議は採択されません。結局、土壇場になってロシアが反対に回り、2015年の前回会議に続いて決裂してしまいました。**

広島や長崎の被爆者からは「核兵器が野放しになる」と、落胆の声が上がっています。

**核廃絶というゴールが遠のくばかりです。**

## ■余裕を失うアメリカ　1強時代の終わり

世界の足並みが揃わない中、影響力を増しているインドやインドネシアなどを、どう味方につけることができるかが大きな課題となっています。途上国にはもともと中国やロシアと関係の深い国が多くあります。

アメリカはこのところ一貫して「アメリカ・ファースト主義」で、アフガニスタンからもさっさと撤退してしまいました。世界からは無責任という声も上がっています。

それでもアメリカのジョー・バイデン大統領は、**新たな中国包囲網をつくろうと「IPEF」（アイペフ）を発足させました。**日本語にすると「インド太平洋経済枠組み」です。

アメリカは2010年からTPP（環太平洋経済連携協定）を結ぼうと各国に働きかけました。太平洋をグルリと取り巻く国々で経済協力を強めようというのです。アジア太平洋地域で影響力を増している中国を牽制《けんせい》する狙いがありました。

ところが2017年にドナルド・トランプ大統領が誕生すると、「アメリカ・ファースト」をスローガンにTPPから脱退してしまいます。

## ■歴史の転換点に立つ世界

**TPPに代わって注目を集めたのが、中国が交渉を主導したアジアの自由貿易協定「RCEP」（アールセップ）です。**日本語にすると東アジア地域包括的経済連携。参加国は中国・韓国・日本・ラオス・タイ・ミャンマー・ベトナム・シンガポール・カンボジア・マレーシア・ブルネイ・フィリピン・インドネシア・オーストラリア・ニュージーランドの15カ国。こちらはアメリカ抜きで発足しました。日本と中国が同じ協定に含まれるのは初めてです。

**「これではアジア太平洋は中国のものになってしまう」と焦ったバイデン大統領が苦し紛れに打ち出したのがIPEFというわけです。**

参加国はアメリカ・日本・オーストラリア・ニュージーランド・韓国・インドネシア・シンガポール・タイ・フィリピン・ベトナム・マレーシア・ブルネイ・インド・フィジーの14カ国。ただしこれは「協定」という言葉が使われていません。協定のように縛りが厳しくなく、関税の撤廃や引下げの交渉をしないというざっくりした枠組みです。「これから仲良くやっていきましょう」程度の緩い枠組みだからこそ、TPPにもRCEPにも入っていないインドを引き込むことができました。

これから日米がこの中身を充実させて、中国包囲網をつくっていこうというわけですが、果たしてうまくいくのか。

ちなみに日本が主導した枠組みもあります。**日本・アメリカ・オーストラリア・イン**

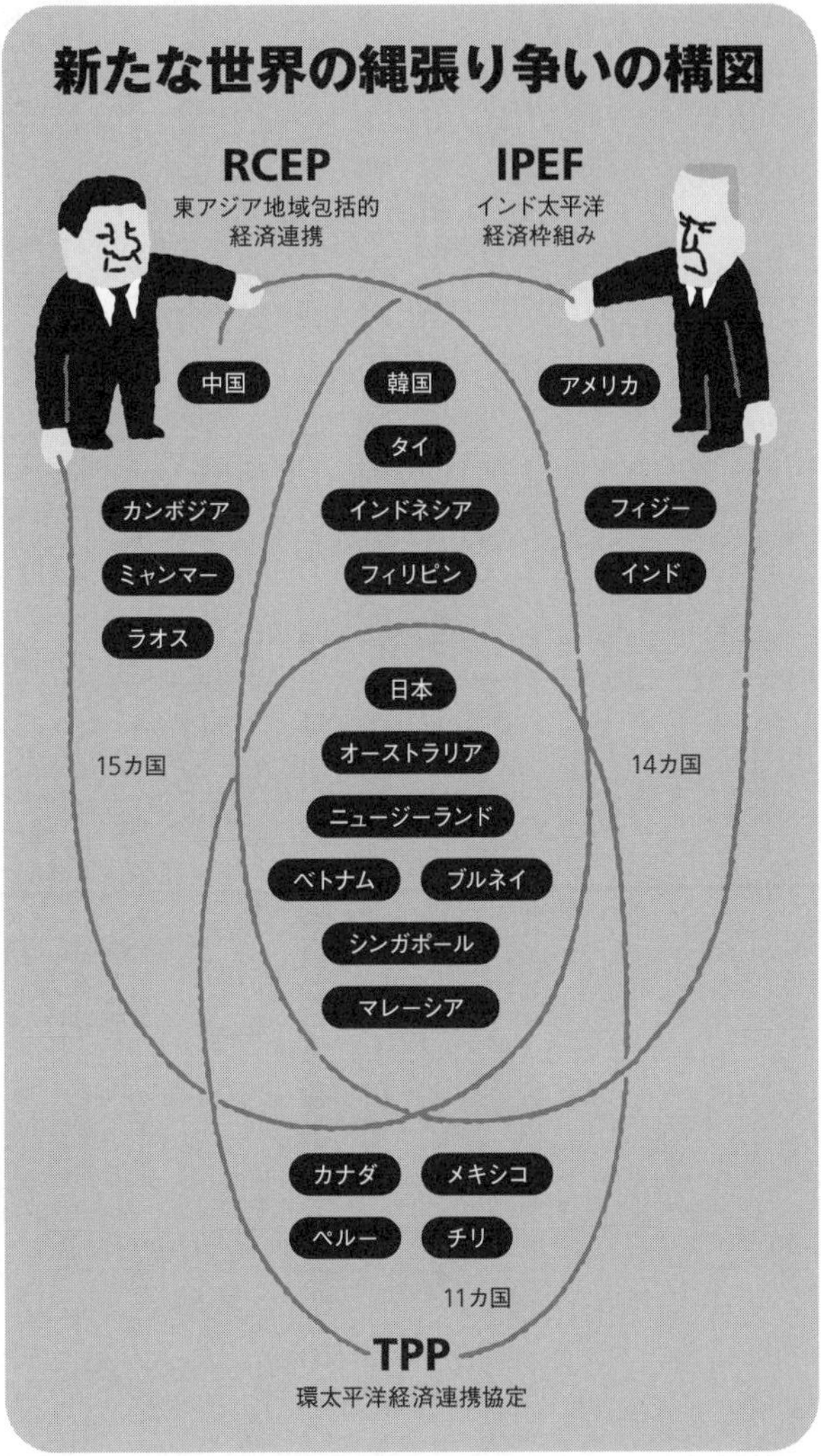

新たな世界の縄張り争いの構図
RCEP
東アジア地域包括的
経済連携
IPEF
インド太平洋
経済枠組み
中国
韓国
アメリカ
タイ
カンボジア
インドネシア
フィジー
ミャンマー
フィリピン
インド
ラオス
日本
15カ国
オーストラリア
14カ国
ニュージーランド
ベトナム
ブルネイ
シンガポール
マレーシア
カナダ
メキシコ
ペルー
チリ
11カ国
TPP
環太平洋経済連携協定

**ドの４カ国で構成される「QUAD」（クアッド）です。**QUADとは4のことです。

日本としては、経済面では中国を無視できませんが、軍事面では脅威です。米中関係は悪化しているし、オーストラリアもインドも、中国には警戒心を募らせているので、**安全保障面などで協力していこうというわけです。**

ソ連が崩壊した後、アメリカ1強の時代が続きました。しかし昨今のアメリカの内政、外交、ウクライナ戦争を見ていると、**アメリカの覇権の終わりを象徴しているかのようです。代わって存在感を強めているのが、中国やインドというわけです。大きな影響力を持つ国が転機を迎えています。**これからの世界秩序はどうなっていくのか。私たちは歴史的転換点にいるのです。

# 第6章　岸田政治は「ショック・ドクトリン」か？

## ■衝撃的だった安倍元首相銃撃事件

世界ではロシアのウクライナ侵攻という歴史的な出来事がありましたが、国内では2022年7月8日、参議院選挙の期間中に安倍晋三《あべしんぞう》元首相が銃撃されて亡くなるという衝撃的な事件がありました。いまの日本で……、と驚いた方も多かったでしょう。

私は、7月10日のテレビ東京の参議院選挙特番を担当することが決まっていました。どうやって各党党首や候補者に対して厳しい質問を浴びせるか、あれこれ考えていたのです。でもさすがにあれだけの衝撃的な出来事があると、選挙報道の在り方というものをもう一度、考え直さざるを得なくなったということがあります。

国民が衝撃を受けて茫然《ぼうぜん》自失になっているとき、**岸田文雄《きしだふみお》首相は安倍元首相の国葬を早々と閣議決定してしまいました。**いったん閣議決定をすると、政権がひっくり返らない限り、決定がくつがえることはありません。**それほど閣議決定とは重いものです。**

個人的には、国葬はやるべきではなかったと思っています。現役の政治家の評価には毀誉褒貶がつきものです。国葬をするにしても歴史的評価が定まってからにすべきだと思うのです。国葬があったのはほとんどが明治時代から戦前の昭和時代、大日本帝国憲法の時代です。この時代の憲法は国民主権ではありません。天皇主権です。国家が重要だと思う人物は国を挙げて追悼しよう、国民はそれに従いなさいというものです。

しかし戦後の日本は国民主権になりました。国葬は現在の日本国憲法と相いれません し、そもそも国葬に関するルールも大日本帝国憲法が無くなったときにいっしょに無くなってしまったのです。**まずは制度をつくるのが先でした。**

## ■統一教会とは

勢いに乗って「国葬をやる」と決めたものの、その後、どんどん旧統一教会（新名：世界平和統一家庭連合）と安倍元首相の関係が明らかになり、国葬に対する反対意見が増えていきました。

私たちの年代からすると統一教会は「再びクローズアップされた」のですが、いまの若い人たちはまったく知らないのですね。それだと今回の事件について理解できないこともたくさんあるでしょう。そこで、ちょっと統一教会について解説します。

統一教会の「教」の字は、いま「教」の字のほうが浸透しています。これは実は、20年前、30年前に大きな問題になったのです。当時の組織名は「世界基督教統一神霊協会」でした。「基督教」と名乗っていたのですが、カトリックやプロテスタントのキリスト教の信者の人たちからすれば、「あれはまがいものだ」というのです。「あんな宗教団体に〝教〟の字を使うべきではない」と猛反発がありました。

そこで当時は「統一教会」ではなく「統一協会」という表記を使うメディアもあったのですが、最近のメディアの人たちはこのことを知らないのか、「統一教会」を使っています。そこで、この本でも統一教会を使います。

## ■かつて社会問題になった原理研究会

**旧統一教会は、かつては各大学に「原理研究会」というサークルをつくって、学内で**

**信者を勧誘していました。**日本には宗教・信教の自由というのはあるわけですから、大学側としてはそこに介入できないわけです。その結果、極めて強引に学生を拉致《らち》したり軟禁したりして、信者になるまで帰さないということがあちこちの大学で起きていました。かなり深刻な社会問題になっていたのです。

あるいは「霊感商法」ですね。創立者の文鮮明（ぶんせんめい、ムン・ソンミョン）は、日本は、韓国に対する加害について贖罪《しょくざい》の義務があるから日本人からは金を奪い取っていいという考え方を持っていました。

突然、家に訪ねてきて「あなたの家は呪われている。ご先祖様を大切にしていないからこんなことになるんだ」と**不安を煽《あお》り、高額の壺《つぼ》を売りつけたり、印鑑を売りつけたりする。これが霊感商法です。**脅されてついつい買ってしまい、それを返したいと言うとトラブルになって、消費者センターに相談するというケースが全国で起きました。

この問題を取り上げようと、たとえば新聞社系の週刊誌が特集すると、新聞社や出版社への嫌がらせの電話が鳴りやまず、代表電話がパンクしたり、あるいは何百人もの信者が押し寄せて建物を包囲したり、業務を妨害するということが続きました。**つまり**

**「言論封殺をする団体」だったということです。**

## ■旧統一教会のもう1つの「顔」

さらに旧統一教会には、宗教団体の顔と、政治的な顔があって、後者が「国際勝共《こくさいしょうきょう》連合《れんごう》」です。若い人に「勝共」を何と読むのですか、どういう意味ですかと聞かれました。これは「共産主義に勝つ」という意味。反共産主義の運動です。東西冷戦時代には「共産主義」や「反共主義」、「勝共」などという言葉が飛び交っていたのですね。彼らはよく街頭で演説していました。「共産党、社会党は許さない。ソ連はひどい国だ」と。

１９７０年前後には、多くの大学に、中核派や革マル派といった過激派が跋扈《ばっこ》していました。それに対抗するかたちで原理研というのができて、キャンパスで過激派と原理研が睨《にら》み合うことが起きていました。

共産主義に反対するという点では、**国際勝共連合も自民党も一致します。そこで自民党保守派の政治家たちに接近していくのです。**とりわけ清和《せいわ》会《かい》（安倍派）とは親和性が高かったのですね。

安倍元首相を襲った被告は、この旧統一教会に恨みがあり、安倍元首相が旧統一教会と関係があると思い、殺そうとしたと言っています。被告の母親が入信し、多大な献金によって家庭が崩壊してしまったというわけです。被告が思わぬかたちで逆恨みをしていたのですが、選挙期間中、白昼、選挙演説中の元首相が銃撃されるなど、あってはならないことです。しかしこの事件をきっかけに旧統一教会と政治との癒着《ゆちゃく》があったことがわかってきたことも事実です。あらためて旧統一教会、あるいは国際勝共連合がどんなものかを振り返ってみることは、大きな意味があるのだろうと思います。

## ■日本で宗教を弾圧した歴史

株式会社などのふつうの法人は所得が得られれば法人税を課せられますが、**宗教法人は利益を追求する団体ではないため非課税です。優遇されているのです。**ちなみに「法人」とは、「法律上、人間と同じに扱う」という意味です。株式会社という存在は、人間ではないので、本来は建物や土地などを持てないのですが、法律上、人間と同じように扱うので、ものを所有することができるのです。人間と同じく利益が上がれば税金を納めなければなりません。これが法人税です。宗教法人も人間と同じように建物や土地などを所有することができますが、税金は免除されるのです。

昭和初期の日本政府は「国家神道」を信じることを国民に強制しました。これに反発するキリスト教徒など別の宗教を信じる人たちは弾圧されました。国家神道の強制を批判したクリスチャンは捕まりましたし、創価学会の前身の団体の指導者も弾圧を受け、獄中で亡くなっています。

一方で国家神道に反対せずにこれを受け入れた仏教の寺院は弾圧を免れました。

戦後になり、**戦前の反省から「政治が宗教に口を出すことは止めよう」ということになりました。**これが「政教分離」です。政治が宗教に関与することを厳しく制限したのです。加えて、宗教活動は金儲《かねもう》けのためではないので非課税にするということになりました。しかし、宗教法人として認証されるためにはそれなりの実績がなければなりません。たとえば、少なくともそれがどういう宗教かという「教義」が必要です。それから信者が集まりお祈りする場所が必要。これは別にアパートの一室でも構いません。あとは活動を行ってきたという実績です。

都道府県レベルでの活動なら、都道府県に申請をします。都道府県を超えて活動する場合は文化庁になります。認証が得られれば、お布施や寄付金、お賽銭《さいせん》はすべて宗教活動の一環ということで非課税です。

ただ、「著しく公共の福祉を害すると明らかに認められる行為をした」疑いのある宗教法人に対しては、文部科学省が調査できるとされています。

それだけ優遇されているだけに、問題行動があった法人にはきちんと「法令を守っているか」を調査できるのです。**調査の結果、問題が多い法人であることが判明した場合は、裁判所に解散命令を出すように要求することができます。**

## ■政教分離に反するのか

２０２２年11月22日、文部科学省は世界平和統一家庭連合（旧統一教会）に対して、文書・帳簿の提出を求めました。いろいろと問題行動があったとされる宗教団体と自民党議員がつながっていたことに、「政教分離に反するのでは」という疑問を持った人もいることでしょう。

しかし日本では、信教の自由が認められています。個人がどんな宗教を信じようと自由。かといってオウム真理教のように人殺しを行うような団体はとんでもないですが、法律に違反しない限り個人で参加するのは自由です。多くの自民党議員は、旧統一教会の教義を信じているわけではなく、**政治的に自民党を応援してくれているからいろんな会合に出ていたのでしょう。要は、利用できるからです。**

国会議員が旧統一教会の信者であっても政教分離には反しません。前述のように、たとえば政府が特定の宗教団体に利益を与えるようなことはしてはいけませんが、あくまで自民党議員は旧統一教会がやっているさまざまな政治活動に共鳴して集会に出席していただけ。これは問題ありません。

**ただし旧統一教会というのは霊感商法などで多くの被害者を出している。そういう団体と一緒になって活動していたのは、政治家としていかがなものか**と追及されたのです。

結局、**政治家たちは利用するつもりが、利用されていたとも言えるでしょう。今回のことが明らかにならなければ、自民党は旧統一教会に乗っ取られていたかもしれないのです。**

## ■アベノミクスの「負の遺産」

安倍元首相の遺産である**アベノミクスについても、きちんと検証しなければなりません。**個人的には、プラスの面もあった一方で、負の遺産でもあったのではないかと思います。

失業率の低下が成果だといわれますが、中身を見ると非正規労働者が増えただけ。株価は上昇したものの、恩恵を受けたのはグローバル展開をしている大企業と株式投資家だけで、**結局、「トリクルダウン」はありませんでした。**「トリクルダウン」とは「滴り落ちる」という意味です。お金持ちが豊かになれば、たくさんのお金を使ってくれるようになるので、景気がよくなり、所得の低い人も収入が増える現象を言います。しかし、そうはならなかったのです。

**金融緩和による円安誘導も最初はよかったのですが、あまりに長く続けたために副作用のほうが強くなりました。極端な円安になり、日本国民の所得は、世界的に見て、大きく減ってしまったのです。**ステロイド剤と同じです。最初は効くけれど、長く続けるとかえって悪化するというわけです。日本はすっかり貧しくなってしまいました。

しかし、当の黒田《くろだ》東彦《はるひこ》前日銀総裁は、任期最後の金融政策決定会合後の会見で、「金融緩和は成功だった」と強気で、今後についても「当面、現在の大幅な金融緩和を続けて行くことが非常に重要ではないか」と締めくくっています。金融緩和をしても、銀行はお金の貸出先がなく、日銀の当座預金にお金が山積みされているのですが。

岸田首相としては野放図な金融緩和は止めたいのですが、露骨にやるわけにはいかないのでしょう。黒田路線を否定する人を選んでしまうと、「アベノミクスを否定するのか」ということになってしまう。安倍派は自民党の最大派閥ですから。そこで、**植田《うえだ》和《かず》男《お》さんなら、学者として中立的な立場で脱黒田路線への道筋をつけてくれるのではないか。**その手腕に期待したのだと思います。植田総裁の前途は多難です。

## ■総務省内部文書問題

安倍1強体制の後遺症も出てきています。2023年3月2日、立憲民主党の小西洋之《こにしひろゆき》参議院議員が総務省内部文書を公表しました。

そこには2014年から2015年にかけ、TBSの「サンデーモーニング」はけしからん、内容が偏っていると不満を持った礒崎陽輔《いそざきようすけ》首相補佐官（当時）が、放送を管轄する総務省に対し、放送法の解釈変更を迫った経緯が記されていました。

どのような解釈の変更を迫ったのか。

**放送法第4条には「政治的に公平であること」とあります。**それまでは、いろいろな意見の番組があって放送局の公平性が保たれる。政府の言い分をそのまま伝える番組もあれば、政権に批判的な番組もあっていい、**局全体でバランスがとれていればOKという解釈だったわけです。ところが、「1つの番組のみでも、極端な場合は政治的公平を確保しているとは認められない」というのです。**

当時の総務大臣の高市早苗《たかいちさなえ》議員は２０１６年に、次のように「停波」をにおわすような発言もしています。

「放送局が政治的な公平性を欠く放送を繰り返し、行政指導してもまったく改善されない場合、それに対して何の対応もしないと約束するわけにはいかない」。**これは明らかに放送への政治介入です。**

## ■総務省の反乱か

結局、放送局は「許認可制」ですから、「免許を失いたくなければ言うことを聞け」と、そういう力関係になってしまうのですね。その後、政権に批判的な発言をしていたキャスターなどが、次々と番組を降板しました。

安倍１強時代といわれたこの頃、森友《もりとも》学園への国有地売却を巡る、財務省の公文書改《かい》竄《ざん》問題などもありました。「安倍首相によく思われたい」忖度《そんたく》合戦が繰り広げられていたのです。しかし今回は、当時の首相官邸が従来の解釈を変えるように圧力をかけてくるのに対し、意外にも役人たちが抵抗している姿も明らかになっています。

２０１５年2月18日の記述によれば、当時の山田真貴子《やまだまきこ》首相秘書官は、次のように述べています。

「礒崎補佐官は官邸内で影響力はない。総務省としてここまで丁寧にお付き合いする必要があるのか疑問。今回の話は変なヤクザに絡まれたって話ではないか。（中略）政府がこんなことしてどうするつもりなのか。（中略）どこのメディアも萎縮するだろう。言論弾圧ではないか」（明らかになった総務省行政文書より）

驚きました。これまで安倍政権時代から菅義偉《すがよしひで》政権時代まで、役人たちの政権への付度ぶりには慣れていたので、新鮮な驚きでした。

さらにこの文書に関し、高市議員は「文書は捏造《ねつぞう》だ」として自分の発言と認めませんでしたが、総務省は、この文書について総務省の行政文書であることを認めました。以前なら「そのような文書は知らない」「怪文書の類ではないか」などという反応をしていたのかもしれません。それが、さっさと公開してしまいました。

森友や加計《かけ》、桜を見る会などのときの役所の対応とは違う、官僚の矜持《きょうじ》が窺《うかが》えます。

安倍元首相の呪縛《じゅばく》が解けてきたということでしょうか。

## ■『岸田ビジョン』はどこへ？

**岸田首相は、「アベノミクスからの脱却」を図りたいはずなのです。**『岸田ビジョン』を読むと、明らかにそれがわかります。

しかし、「所得倍増」という掛け声がいつの間にか「資産所得倍増」になったり、宏《こう》池会《ちかい》は伝統的に「護憲」のはずが、首相になったとたん「憲法を変えなければ」と突然言い出したり、安倍派からの圧力なのか安倍派への忖度なのか、一貫しません。

私は前回の参議院選挙のとき、テレビ東京の選挙特番で岸田首相に直接聞いてみました。「あなたは選挙前に出版した本の中で、自分の派閥の宏池会は護憲リベラルだと書いていています。それなのに、なぜ憲法改正と言い出したのですか？」。

そうしたら、「護憲というのは、憲法は大切なものという意味です。その大切な憲法をいま変えようということをやろうとしているんです」とかわしました。追及されるのは明らかですから、答えを準備していたのでしょうね。

岸田さんは首相になって何をやりたかったのでしょうか。ただ首相になりたかっただけなのでしょうか。つい、そんなことを思ってしまいます。**「政権を守る」ことが大事になってしまっているようにみえます。**自分の思想信条よりも政権を維持したい気持ちのほうが勝っているのでしょう。広島出身なので、平和への思い入れは強いはずですが、防衛費に関してもＧＤＰ比として倍増を決めました。

## ■安全保障政策の大転換

世界の軍事費というとき、日本だけは軍事費ではなく「防衛費」といいます。つまり日本は、軍事力を持たないという建前になっているので、あくまで防衛費という言い方になるのです。

戦争をするのはイヤだけれど、自国を守るためには防衛費を増やさなければと、いまや日本人の６割が防衛費の倍増は仕方がないと思っています。

**岸田首相が会長を務める宏池会は、歴史的に「軽武装・経済重視」を志向してきました。**日本は防衛費をＧＤＰの１％に留めるという方針を守り、「専守防衛で外国を攻めることはしません」と、世界に安心感を与えてきました。

しかし、**北朝鮮が何度もミサイルを発射するし、中国も軍事力をどんどん拡張しているし、ロシアはウクライナに侵攻……。ロシア、中国、北朝鮮の脅威に備えるべきだということで日本人の意識が変わりました。**

でも、新たに購入を決めた巡航ミサイル「トマホーク」は、１９７０年代の技術のミサイルです。モデルチェンジをした最新型とはいえ、いまさらそれを４００発も買ってどうするのか。在庫一掃セールにつき合わされているとしか思えません。

湾岸戦争のとき、アメリカがイラクに対してトマホークを大量に発射しました。あれはＧＰＳを使って自らの位置を確認しながら目標に突入します。ピンポイント攻撃に成果を上げたと言われました。しかし、やがてイラク軍も反撃の方法を見つけます。トマホークは、敵のレーダーに映らないように低空で飛行し、ＧＰＳの表示に従って途中のルートを決めます。その結果、ある特定の場所でミサイルが方向を変えることがわかってしまいます。イラク軍は、トマホークが向きを変えるときはスピードが落ちるので、その場所で待っていて、下から自動小銃や機関銃で撃ち落とすことができるようになったのです。

**この時代遅れのミサイルが、果たしてどれだけの威力を発揮するのか。**

## ■そうだったのか！「敵基地攻撃能力」

また、ここへ来て**「敵基地攻撃能力」**という用語が聞かれるようになりました。これまでは北朝鮮がミサイルを発射したら、ミサイルの飛行ルートをコンピュータで計算し、落下してきたところをミサイルで撃ち落とすことになっていました。

ところが、いまの北朝鮮のミサイルは途中で方向を変えることができるようになったようです。さらに音速をはるかに超える猛スピードで落下してきます。これでは途中で撃ち落とせないかもしれない。だったら「敵基地攻撃だ」ということになったのです。

**既存のミサイル防衛体制では、飛んでくるミサイルを撃ち落とせない。それならば、**

**相手が攻撃に着手した段階で、向こうの基地を攻撃しよう。発射直前のミサイルを叩《たた》けるようにしよう**というわけです。

国際法上、攻撃をしてくるその前に叩くことは許されています。防衛になるのです。ただし、「攻撃に着手」は誰がどのように判断するのか。本当に相手が日本に撃ちこむ予定だったかどうかも、わかりません。単なる演習かもしれないし、もしよその国に撃ちこもうとしていたものを先に攻撃したら、**これは先制攻撃になってしまいます。国際法違反です。**

日本が「敵基地攻撃能力」と言い出したのは、アメリカからミサイルを買わなければいけないのもありますし、そもそも北朝鮮のミサイル実験で、日本が飛んでくるミサイルを落とすことがまったくできないことを知ってしまったからです。それでも「敵基地攻撃能力」というと、どうしても先制攻撃のイメージがついてしまうので、**最近は「反撃能力」と言い換えていますが、戦後日本の防衛方針の大転換なのです。**それが、しっかりとした議論もないままに決まってしまった。日本の防衛はどうあるべきか、改めて議論が必要なのです。

敵基地攻撃が可能に。
安全保障政策の大転換
アメリカから
トマホークを400発
購入予定
Stock Clearance
Sale
既存の
ミサイル防衛体制では
飛んでくるミサイルを
撃ち落とせない
敵基地攻撃
先制攻撃と
見なされる!?
専守防衛

## ■原発政策は「逆コース」？

２０２２年７月、岸田首相は**原発を最大限活用する方針を表明**しました。東日本大震災から２０２３年で12年、これまで「３・11の教訓」で、日本はできるだけ原子力に頼らず、なだらかに脱原発の方向へ向けていくという国民の合意ができていたはずなのに、**原発政策も大転換です。**

２０２２年の夏の猛暑では「電力が足りない、足りない」と節電を呼びかけ、さらにウクライナ危機で電気代が高騰したことが、**国民の不安な気持ちに付け込む材料になったのではないか。まさに「ショック・ドクトリン」です。**「ショック・ドクトリン」という言葉を初めて知ったという人も多いことでしょう。本章のタイトルが意味不明だったかもしれません。**「ショック・ドクトリン」とは、多くの国民が衝撃を受けるような事態が起きたときに、いわばドサクサに紛れて政策の大転換を図ることです。**世論調査でも、「再稼働もやむを得ない」という意見が、反対意見を上回りました。

岸田政権は、原発の稼働について、これまで運転期間は原則40年が１つの区切りと規定していたのですが、60年を超えた原発もまだ使い続けるといいます。新たな原発の設置には反対する人が多く、**新増設は難しいので、既存の原発を使い続ける**というわけです。**さらに新たな小型原発の開発を指示**しました。

しかし、ウクライナを見れば、ザポリージャ原子力発電所がロシア軍によって占拠され、**原発が安全保障上のリスクになることが明らかになっています。日本海沿岸にも原発は多く設置されています。このリスクをどう考えるのでしょうか。**

## ■「異次元の少子化対策」と言うが……

**日本は、少子化問題も深刻です。**２０２２年の出生数はついに80万人を割りました。２０１６年に年間１００万人を割って「大変だ」と騒いでいたのに、わずか６年でここまで減ってしまいました。

子どもを産む世代が減っていますし、婚姻数も減っています。『未来の年表』シリーズの著者・河合雅司《かわいまさし》さんと対談したときに、恐ろしい話を聞きました。自衛官は慢性的な人手不足なので入隊可能な年齢を引き上げたのですが、やがて60代が国防の中心を担い、80代、90代の命を守るというのです。

どうすれば少子高齢化に歯止めをかけることができるのか。日本の場合、子育てにお金がかかります。民主党政権時代、児童手当を拡張して所得制限なしの「子ども手当」を導入しようとした際、自民党が「バラマキだ」と批判しました。所得制限をつけないことに対して「愚か者めが」と罵《ののし》った議員もいました。それが結局、同じことを自民党がやることになりました。「かつての反対は何だったんだ」と批判されています。何が異次元なのでしょう。

ちなみに**日本の合計特殊出生率は1・30（2021年度）**。たとえこれを2・1まで上げても、いまの人口が減らないだけですから、少子化を反転させることは困難です。**このままの少子化対策だと、ここからどれだけ少子化に「ブレーキをかけることができるか」という話でしかありません。**

## ■フランスのN分N乗方式とは

実はもっと深刻なのが韓国です。韓国は日本以上に学歴が重視される国で、子育てに大変お金がかかります。儒教的家庭観が浸透しているので、女性が結婚後、働くことには抵抗感を持つ人もいます。女性は子育てしながら夫の両親に尽くすのが当たり前という意識が根強く、このために結婚したり、子どもを持ったりすることに踏み切れない若い女性が多いのです。

結婚をして姑《しゅうとめ》に気を遣い、子どもが生まれると受験戦争でお金がかかり、頑張って子どもを大学まで出しても大企業に就職できるのは一握り、これでは女性たちも結婚する気になりません。

岸田首相は現金給付以外にも、産後の子育て支援や働き方改革、意識改革も含めてやっていこうとしています。先進国の中で2000年以降も高い出生率を維持している**フランスの政策「N分N乗方式」を導入すべきだという主張も出てきました。**

この場合の「N」とは任意の整数のこと。子どもの数が多いほどNの数字が大きくなり、所得をNで割ることで、所得税の負担を減らします。つまり、**所得税を個人単位ではなく世帯単位にして、子どもの数が多い家庭ほど所得税の負担を軽減しようとする仕組みです。**

フランスの人口が戦争で少なくなったとき、シャルル・ド・ゴール大統領が人口を増やそうとして導入した税制だそうです。

ただ財務省は慎重です。日本の税制を根本的に変えてしまう重大な出来事と考えるからです。**個人単位でみている所得税を、世帯全体で計算するのは税法上の大転換。**そんなことはしたくないのですね。

少子化対策と銘打つと、現代版の「産めよ、殖《ふ》やせよ」の掛け声に聞こえてしまいますし、「子どものいない家庭」を非難する雰囲気を生み出しかねません。**誰でも思ったような家族の形が実現できる社会。それがどんな社会であるかを考えていくしか解決策は見つかりません。**

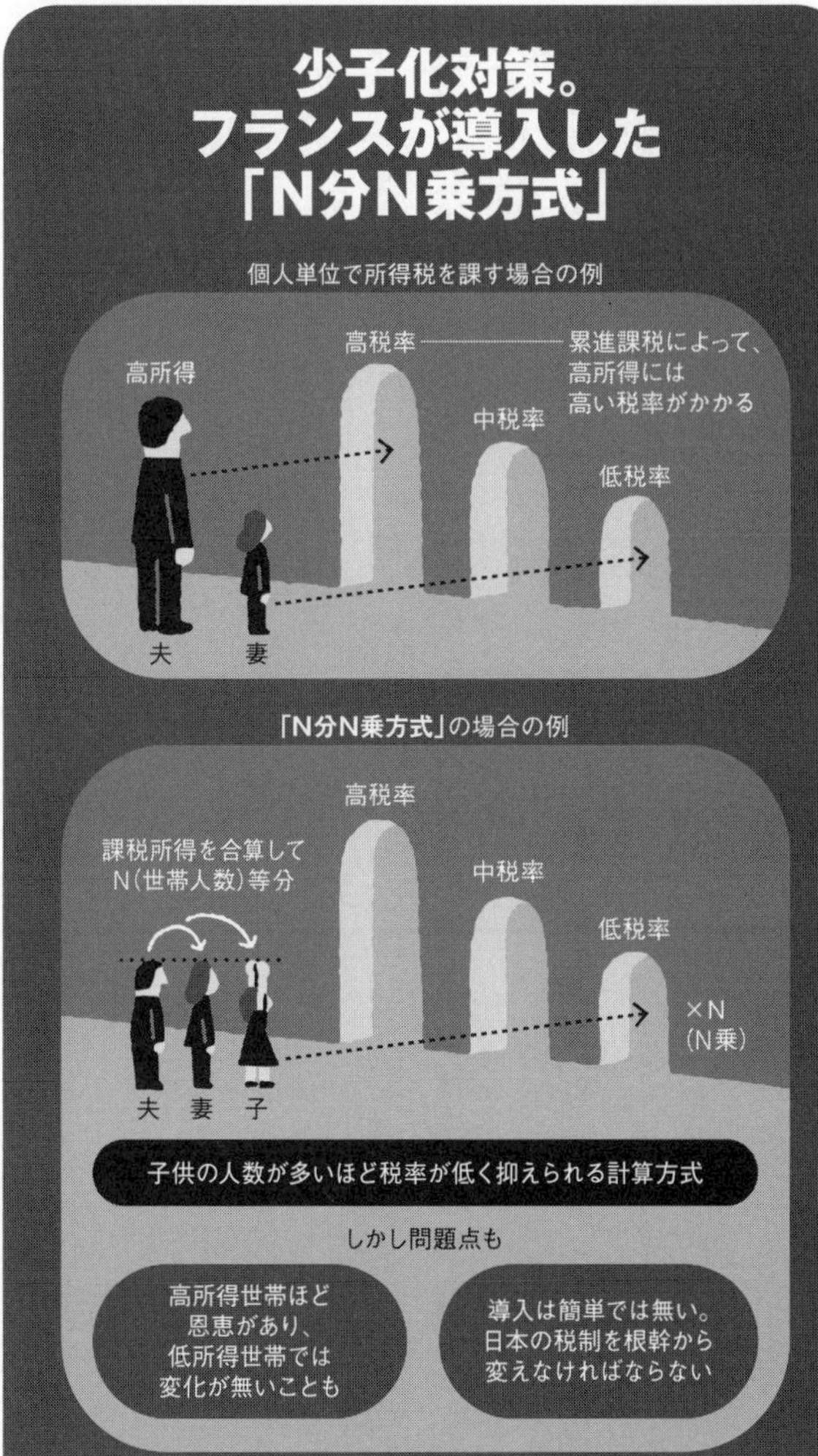
少子化対策。
フランスが導入した
「N分N乗方式」
個人単位で所得税を課す場合の例
高所得
高税率
累進課税によって、
高所得には
高い税率がかかる
中税率
低税率
夫
妻
「N分N乗方式」の場合の例
高税率
課税所得を合算して
N(世帯人数)等分
中税率
低税率
×N
(N乗)
夫
妻
子
子供の人数が多いほど税率が低く抑えられる計算方式
しかし問題点も
高所得世帯ほど
恩恵があり、
低所得世帯では
変化が無いことも
導入は簡単では無い。
日本の税制を根幹から
変えなければならない

## ■沖縄基地問題も続く

日本の問題といえば、台湾有事もあります。**ロシアによるウクライナ侵攻で「台湾有事」を心配する声もあります。**もし台湾有事が起きれば、アメリカ軍基地が集中する沖縄も巻き込まれる可能性があります。

しかし、その沖縄では、**「世界一危険な基地」と呼ばれていた普天間《ふてんま》基地を、どこかへ移設しなければならない。これがいま、日本が抱えている普天間基地（沖縄県宜野湾《ぎのわん》市）の移設問題です。**

普天間基地は市街地にあり、学校や住宅が密集しています。訓練中の大型ヘリが沖縄国際大学に墜落炎上したこともあり、沖縄住民は不満を募らせていました。

沖縄県民の反米感情が爆発したのが、1995年に起きた沖縄米兵少女暴行事件です。小学生の少女が犠牲になっているのに、「日米地位協定」があるため、アメリカ兵が犯罪を起こしても、日本の警察が逮捕できない。最終的にはアメリカ兵を取り調べ、起訴できましたが、すぐには逮捕できなかったことから不満が爆発しました。アメリカ軍の駐留に対して、大きな反対運動が起こりました。

これを受けて当時の橋本龍太郎《はしもとりゅうたろう》首相は、アメリカのビル・クリントン大統領と普天間基地の全面返還に合意。その代わり、代替基地が必要とされ、日本政府は辺野古への移設方針を決めました。辺野古の沖合を埋め立てて、滑走路を作る計画です。

2013年、当時の仲井眞弘多《なかいまひろかず》知事が埋め立てを承認して、工事が始まりました。しかし仲井眞知事の後に知事に当選した翁長雄志《おながたけし》知事は、「埋め立ての承認を撤回する」と表明。さらに、現在の玉城《たまき》デニー知事も、撤回の方針を引き継いで、政府と沖縄県が激しく対立するようになりました。

## ■2022年は沖縄本土復帰50周年

2022年は、沖縄が本土に復帰して50年の節目でした。2019年2月、「移設に賛成か、反対か」の県民投票を行ったところ、反対が72・15％、賛成が19・10％。

どちらでもないが8・8％でした。ちなみに投票率は52・5％です。

県民投票に法的な効力はありません。あくまで沖縄県として県民がどのような考えを持っているのかを問う、いわばアンケートのようなものです。日本政府としてはその意向に関係なく工事を続けました。当時の安倍首相は、基地移転を「これ以上先送りすることはできない」と述べました。

よく沖縄の人は「基地の中に沖縄がある」という言い方をします。沖縄本島の約15％はアメリカ軍基地で占められています。玉城知事としては、なんとか基地縮小を要求したいがために「県民の意思はこうです」と強調しようと、県民投票を行ったのです。

**この数字をどう見るか。新聞によって論調は違います。**朝日新聞や毎日新聞は「辺野古への移設反対が70％を超えた」という記事を書きました。

産経新聞は「投票率が52％で辺野古反対が70％ということは、県民の約30％しか反対していない」。必ずしも沖縄県民みんなが反対をしているわけではないというトーンでした。**数字は誰が見ても同じですが、見方によって記事の方向性が正反対になり得るということです。**

名護《なご》市の埋め立て地のすぐ近くに「キャンプ・シュワブ」という基地があります。沖縄にはいくつか「キャンプ～」と名前がついているものがあります。これは海兵隊の基地で、あちこちに点在しています。キャンプ・シュワブの近くには「キャンプ・ハンセン」という基地もあるのですが、これは沖縄戦のとき、英雄的な戦いをしたアメリカ軍兵士の「デール・ハンセン2等兵」から名前を取っています。

アメリカからしてみれば「沖縄戦での英雄の名前をつけて何が悪いんだ」ということなのでしょうが、逆に見れば、日本兵を多数殺害した兵士の名前です。住民の感情を考えたネーミングはなかったのかと思ってしまいます。

第2次世界大戦で勝利したアメリカは、敵だった枢軸国（ドイツ、日本、イタリア）に大きなアメリカ軍基地を置いています。国内ではアメリカ軍基地があることに対する反対運動がある一方で、自国の安全がアメリカによって守られてきた側面があります。東西冷戦時代の話ですが、そういう思いもあって、なかなかアメリカには強いことが言えないというのが実情なのです。また日本は、ドイツ、イタリア以上に、地位協定の改善への意欲が弱いという問題点もあります。

## ■「軟弱地盤」という問題が浮上

辺野古の埋め立てをめぐっては、**「軟弱地盤」という問題が浮上しました。**埋め立て予定海域の地盤が極めてやわらかく、マヨネーズ並みの軟弱地盤で、工事の難航、長期化が予想されているのです。当分、完成の見通しが立たなくなっている状態です。当然、移設工事費用も膨れ上がります。**完成の見通しが立たなくなっても、いったん決まったことは続けていく。これが、過去に日本政府がさまざまな場所でやってきた公共工事です。**それが、沖縄の基地をめぐっても展開されているのです。

# エピローグ　グローバル・サウスの逆襲

## ■2024年はロシア大統領選挙

**ロシアでは2024年春、大統領選挙が予定されています。**

2011年以前の大統領の任期は4年でした。現在は6年です。さらに、かつては大統領を務められるのは「連続2期まで」でした。これを、2020年の憲法改正で、「通算2期まで」としたものの、現職者の任期はリセットされました。つまり、**ウラジーミル・プーチン大統領は2024年の大統領選挙から起算して、さらに2期12年務めることが可能となったのです。**

再選を目指すプーチンは「強いロシア」を示す必要があったのでしょう。

ロシアがウクライナへ侵攻すると、欧米諸国はロシアを批判し、経済制裁を打ち出しました。しかし戦争を終わらせることはできていません。それはロシアと経済や軍事などの分野で協力関係にある国々も多く、その国々によってロシアが支えられたからです。

いったいロシアを支えているのはどこの国なのか。

中国は国際決済の仕組みである国際銀行間通信協会（ＳＷＩＦＴ）から締め出されたロシアに対して、**「人民元での決済」を提案し、手を差し伸べています。インドやトルコも、ロシアとの貿易量を増やしています。**

## ■欧米と足並みを揃えないグローバル・サウス

ロシアによるウクライナ侵攻から1年が経つ、２０２３年２月23日（アメリカ東部時間）、**国連総会の緊急特別会合で、ロシア軍の完全撤退や戦争犯罪の調査と訴追を求めた決議案が提案され、賛成１４１、反対７、棄権32で採択**されました。

これは安全保障理事会による決議のような強制力は持ちません。ロシアを動かすことはできませんが、国際社会の意思を示すという意味はあります。

**棄権した国を見ると、インドと中国をはじめ、アフリカ諸国、南アジアの国が多いのです。**地政学的な位置とか、昔から経済的なつながりがあるとか、それぞれの国にそれぞれの事情がありますが、冷戦時代には第三世界と呼ばれていた国々が多く見られます。

**これらの国はいま、「グローバル・サウス」と呼ばれ、存在感を高めています。**グローバル・サウスとは、**アフリカ、中東、アジア、ラテンアメリカなどの新興国の総称で**す。

注目すべきは、その経済規模です。ＩＭＦ（国際通貨基金）の推計によると、世界の名目ＧＤＰに占めるＧ７（先進7カ国）のシェアはピークの１９８６年では68％に上りましたが、２０２２年には43％まで下がり、新興・途上国の44％と逆転されました。ロシアはこのグローバル・サウスを取り込もうとしています。

もともと、これらの第三極は欧米の植民地だった国も多く、欧米の価値観を押し付けないでほしいと西側を敬遠している国もあります。**グローバル・サウスがこれからの世界秩序をつくる大きな力となっていくことは間違いありません。中でも存在感を高めているのが、人口規模で中国を抜いたインドです。**インドはグローバル・サウスの盟主を自任しています。

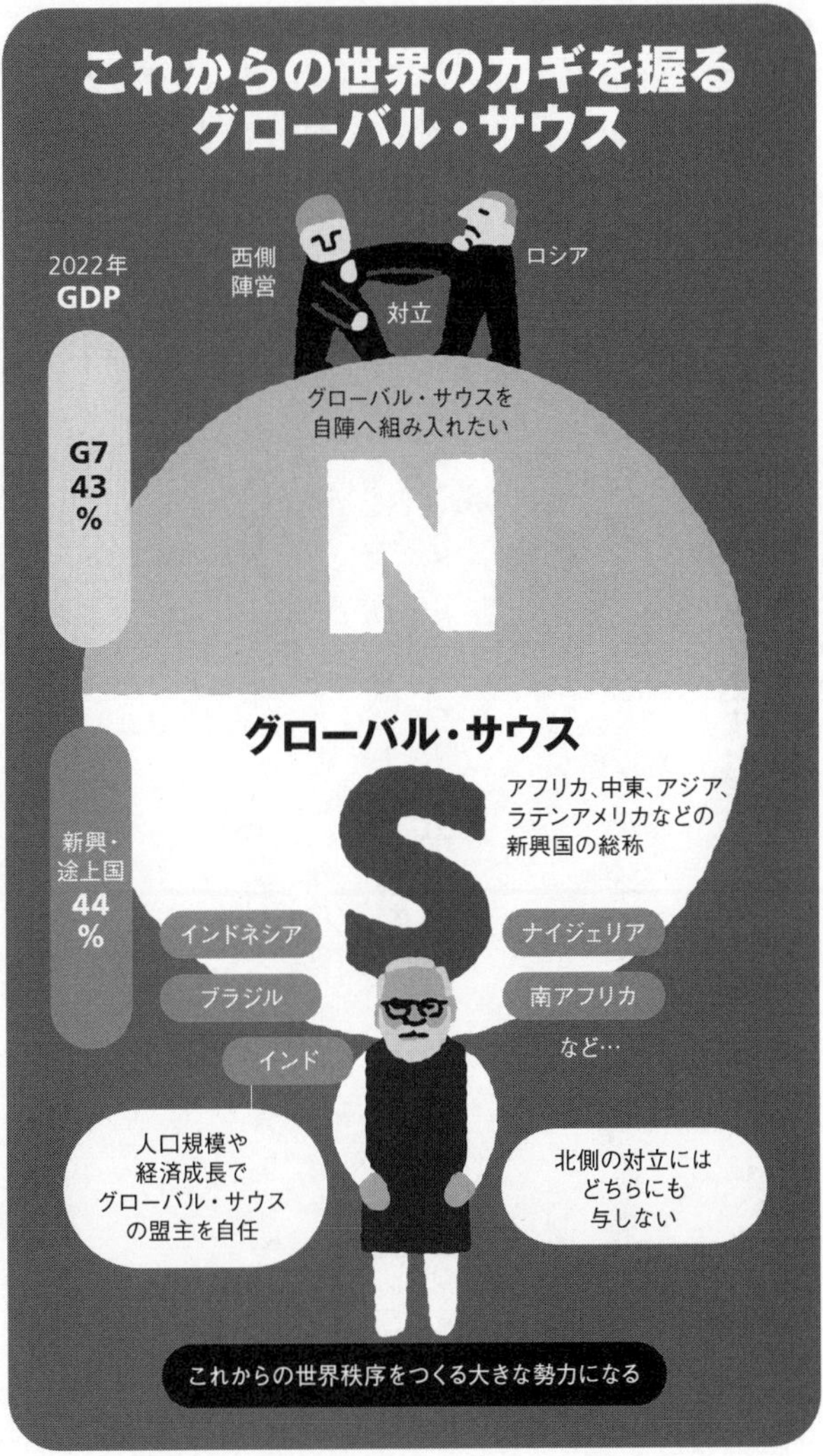
これからの世界のカギを握る
グローバル・サウス
2022年
GDP
G7
43
%
新興・
途上国
44
%
西側
陣営
ロシア
対立
グローバル・サウスを
自陣へ組み入れたい
N
グローバル・サウス
S
アフリカ、中東、アジア、
ラテンアメリカなどの
新興国の総称
インドネシア
ナイジェリア
ブラジル
南アフリカ
インド
など…
人口規模や
経済成長で
グローバル・サウス
の盟主を自任
北側の対立には
どちらにも
与しない
これからの世界秩序をつくる大きな勢力になる

## ■疫病と戦争で激変した世界

世界が大きく動いています。

新型コロナウイルスの感染拡大を受け、「コロナとの戦争」という言葉も聞かれました。その後、私たちは本当の戦争を目にすることになりました。

日本としても、自国を守るために防衛費を増大させ、反撃能力を持とうとしています。周りの国にしてみたら、「日本が怖いからウチも軍事費増大」となりかねません。まさに安全保障のジレンマです。

いまの日本に必要なのは、まずは周辺の国に警戒心を抱かせないで、日本の防衛力を高めていくことではないでしょうか。とくにいま日本の防衛で大きな問題になっているのが、「継戦能力」です。

**どこかの国が攻めてきたり戦争に巻き込まれたりしてしまったときに、どれだけ戦い続けることができるのか。**いまの自衛隊を見ると、全国の基地のかなりの建物が耐震基準を満たしていません。大地震がきたらすぐに崩れてしまうような兵舎もあります。少なくともこれらを建て直すこと自体は、とりあえず周辺の国に対して警戒心を抱かせることにはなりません。あるいは弾薬庫も、攻撃を受けても破壊されずに済むようなものを全国に持つことです。

自衛隊の足腰を強めていくことが、本当の意味での防衛力につながっていくのではないか。そういうところからまずは始めていくことです。

**日本が、世界が平和であってほしいという目標に向けて、私たちは何をすべきか、自衛隊はどうあるべきか。いまは議論をする絶好のチャンスだと思います。**

## ■日本は核兵器を持てるのか

よく「日本は核兵器を持てるのですか？」という質問を受けます。

日本の憲法上、保持できる自衛力は「自衛のための最小限度の実力」ということになっています。具体的にはどういうことなのか、岸信介《きしのぶすけ》内閣のときに、核兵器も国を守るために必要最小限度であれば日本も持つことはできると答弁しているのですね。歴代の自民党内閣も、聞かれたら「核兵器を理論的に持つことはできる」と言っています。よって、歴代内閣の憲法解釈では、自衛のための核兵器は持つことができるのです。

しかし、**日本は「非核三原則を守る」ということを国是としています。「だから核兵器は持たない」ということです。**

憲法や法律ではなく、**あくまで政策上、「核兵器は持たない」と言っているに過ぎない**ので、「非核三原則を放棄する」と言ってしまえば、核兵器を持つことができるというのがいまの日本の状況です。

## ■報道の自由度ランキング、日本は71位

日本の危機といえば、ジャーナリズムの危機もあるのではないか。国際ジャーナリスト組織「国境なき記者団」が発表した**2022年の世界各国の報道の自由度ランキングで、日本は180カ国・地域のうち71位。G7で最下位です。**

日本について国境なき記者団は、「日本のメディアの自由は、安倍晋三が２０１２年に首相に再就任して以降、衰えてきている」と指摘しています（２０２３年５月に発表された２０２３年のランキングは68位と前年より順位を上げたものの、Ｇ７の中では依然、最下位だった）。

第６章で沖縄の基地問題に触れましたが、２０２３年２月24日、ジャーナリストの西《にし》山太吉《やまたきち》さんが91歳で亡くなりました。

彼は、毎日新聞で外務省を担当していたとき、１９７１年の沖縄返還協定にからんで、日本政府がアメリカとの間で密約を結んでいたというスクープを書いた人です。山崎豊《やまさきとよ》子《こ》さんの『運命の人』の主人公のモデルにもなりました。

１９７２年に沖縄が日本に返還されるに伴って、沖縄にあるアメリカ軍の基地がいくつか撤去されます。アメリカ軍が基地として使っていたその土地を原状復帰、つまり元の状態に戻さなければならない。その「回復補償費の４００万ドルを誰が出すのか」となったとき、アメリカが出すということにしておいて、実は日本が内密に肩代わりしていた。日本国民に知らせずにそんなことをやっていたことを西山記者がスクープしたのです。

しかし、問題がありました。西山記者が外務省の女性事務官と男女の関係になって、彼女から情報を得ていたのです。女性事務官は国家公務員なので国家の機密を漏洩《ろうえい》したとして逮捕され、その情報を得た西山記者も逮捕されることになりました。

沖縄返還をめぐる政府の密約文書をスクープした快挙が、いつの間にかスキャンダルにすり替えられていった。これは、はっきり別の問題として、**国民の「知る権利」とは何か、日本政府のあり方が問われるべきだったと思います。**

## ■「宗教」の知識はあったほうがいい

2022年は、旧統一教会がクローズアップされ、再び「宗教」に対する知識が見直された年でもありました。**そもそも私が大学でリベラルアーツ＝一般教養を教えることになったのは、オウム事件がきっかけでした。**

1991年、大学設置基準の「大綱化」が実施されました。大学の組織や機構は、それぞれの大学の自主性に委《ゆだ》ねるのが望ましいとなったとき、当時の産業界から「即戦力が必要」という声が上がりました。一般教養などどうでもいい、社会に出てすぐに役立つような専門家を育成すべきだというわけです。その結果、大学がそれこそ「就職予備校」のようになり、いろいろな大学から教養学部がなくなっていきました。

　すると、しばらくして産業界が、「最近の大学卒業生は常識がない。教養がない」と言い出します。そんなときにオウム事件が起きました。**大学を出た高学歴の人間が、オウムのような団体にコロリとまいってしまう現実が露呈したのです。**

　オウム真理教が信者を増やしたときに、いったいどんな教義なのかと思い、私なりにオウム真理教の教典を購入して勉強しました。私の解釈では、ヒンズー教と仏教とキリスト教をごちゃ混ぜにしたようなものでした。それぞれの魅力的なところだけを合体させたようなものですから、若者たちは、オウムの教義ではなく、それぞれの要素になっている宗教の魅力的な部分に惹《ひ》かれてしまったのではないかと考えたのです。

　このことから「宗教についてのきちんとした知識を持っていれば、引っかからずに済んだのではないか」と思ったのです。**あやしいカルト宗教から身を守るためだけでなく、**

**世界を理解するには、やはり宗教の知識は必須《ひっす》。つまりはリベラルアーツが求められているのです。**

## ■Z世代は「リスク」なのか？

「最近の若者をどう思いますか？」といった質問もよく受けます。ユーラシア・グループは、**２０２３年の10大リスクの９番目に「ＴｉｋＴｏｋなＺ世代」**を挙げていました。

個人的な思いですが、Ｚ世代のことをリスクになるような過激な世代だとは決して思っていません。むしろいまの若者は、それまでの自分たちより前の世代があまりに従順でおとなしいから、それではいけないのではないかという意識を持った人が多いのではないか。それなら歓迎すべきことだと思います。

ただし、若者はどこかで行き過ぎることもあるものです。とくに団塊の世代などは学生運動でひたすら暴れ回った。あれはやり過ぎでしたが、でもあのとき、実はその上の世代が、「若者は元気があっていいんだ」と意外と受け入れていたところがあるのです。

内ゲバや連合赤軍事件が起こると、さすがにやり過ぎだということになりましたが、初期のころの若者の異議申し立てについては、上の世代が受け入れていた時代でした。

これからＺ世代が何をやるのか。**若者は行き過ぎることがあるということを含めて寛大に受け止める。少しでも世の中を変える力になってくれるといいなと、期待しています。**

## ■危機の「機」はチャンスの機

最後に求めるのはウクライナ戦争が早く終わってほしいということです。最大の被害者はウクライナ国民です。

いま、戦禍の中にあるウクライナから避難民が日本にも来ています。衝撃的だったのは、ウクライナから日本に避難してきている小学生の中に、ウクライナに留《とど》まっている先生の授業をリモートで受けている子がいたことです。自分の国から逃げて日本に来ても、母国の学校の授業がそのまま受けられる。驚きました。日本のほうがはるかに遅れているのではないかと思い知らされました。

**私たちはいま、歴史的な瞬間を目撃しています。歴史の出来事は次の歴史につながります。だからこそ、歴史を知り、経験に学ぶ価値があるのです。**

今回もユーラシア・グループが発表した10大リスクを紹介しました。リスクは日本語で言うと危機です。でも危機の「機」はチャンスの「機」でもあります。**危機をどれだけチャンスに転換していくのか、それはあなた一人ひとりの発想や意欲にかかっているの**だと思います。

ぜひ学び続けて、危機をチャンスに変えてほしいと願います。

# おわりに

２０２２年から持ち越された大きな問題が、ロシアによるウクライナへの軍事侵攻です。ロシアのウラジーミル・プーチン大統領は、ウクライナの抵抗力を軽視していました。ウクライナを全方向から攻撃してウォロディミル・ゼレンスキー大統領を亡き者にすれば、ウクライナは簡単に降伏するだろうと考えていたようですが、失敗。ロシア軍の先頭を切って侵攻した精鋭部隊は、ウクライナ軍の反撃であえなく全滅。キーウを占領するはずだったロシア軍の先遣部隊は撤退を余儀なくされました。

プーチン大統領は、侵攻初期の頃、侵略を「特別軍事作戦」と言い張っていましたが、いまや「ロシアを守るための戦争」と言い始めました。それほどまでに苦戦を強いられているということでしょう。

プーチン大統領が自国を守る戦争と言うのは、ウクライナの背後にアメリカを中心としたＮＡＴＯ（北大西洋条約機構）の存在があり、それがロシアを破滅させようとしているという認識があるからです。ウクライナを舞台に米露の代理戦争が展開されています。ということは、後になってから、「あのときが第3次世界大戦の始まりだったのだ」と総括することになるような危機的状況だということなのです。

残念ながら、ウクライナでの戦争は、第3次世界大戦に転化しかねない状況のまま、今後も続くことになるでしょう。私たちは、それに備えなければなりません。

と同時に、私たちは、中国や台湾、北朝鮮というご近所の状況にも目配りしていかなければなりません。このところ理由を明確にされないまま中国で身柄を拘束される日本人が増えているのを見ると、中国での勤務は危険を伴うように思えます。まるで中国が「大きな北朝鮮」のような容貌《ようぼう》を見せています。この大国と、私たちはどのようにつきあっていけばいいのか。これもまた、今後に持ち越される課題です。

その一方で、ここ数年、私たちを苦しませてきた新型コロナウイルスへの対策が、2023年5月から変わりました。重症化する人が減ってきたことなどから、季節性インフルエンザと同等の「5類」に引き下げられたのです。町では、まだマスクをする人の姿が多く見受けられますが、マスクをはずして歩いてみると、空気のおいしさは格別です。飲食店はすっかりコロナ禍前の賑《にぎ》わいを取り戻しました。

さらに2023年5月の大型連休期間中の行楽地の混雑ぶりと言ったら！　コロナ禍で外出を控えていた多くの人の鬱屈《うっくつ》が、一気に放たれたように見えます。

しかし、ウイルスが姿を消したわけではありません。ウイルスのことですから、いつまた変異して私たちを脅かすものになるかもしれません。まずは警戒を怠らずに、どれだけ日常生活に復帰するかが今後の課題でしょう。

今回の書籍は、遂にシリーズ14弾に突入しました。多くの人の支持があればこそ、続けることができました。読者の皆さんに感謝です。今回もKADOKAWAの編集者・辻森康人さんと八村晃代さんにお世話になりました。

2023年5月

ジャーナリスト　池上《いけがみ》　彰《あきら》

# 主要参考文献一覧


プロローグ

▽『第三次世界大戦はもう始まっている』エマニュエル・トッド／大野舞・訳（文春新書）

第1章

▽『約束してくれないか、父さん　希望、苦難、そして決意の日々』ジョー・バイデン／長尾莉紗、五十嵐加奈子、安藤貴子・訳（早川書房）

▽『だからアメリカは嫌われる』マーク・ハーツガード／忠平美幸・訳（草思社）

▽『憲法で読むアメリカ史（上）（下）』阿川尚之（ＰＨＰ新書）

第2章

▽『現代ロシアの軍事戦略』小泉悠（ちくま新書）

▽『ハイブリッド戦争　ロシアの新しい国家戦略』廣瀬陽子（講談社現代新書）

▽『コールダー・ウォー　ドル覇権を崩壊させるプーチンの資源戦争』マリン・カツサ／渡辺惣樹・訳（草思社文庫）

第３章
▽『コーラン（上）（中）（下）』井筒俊彦・訳（岩波文庫）

第４章
▽『毛沢東、鄧小平そして江沢民』渡辺利夫、小島朋之、杜進、高原明生（東洋経済新報社）
▽『蔣介石』保阪正康（文春新書）
▽『台湾の主張』李登輝（ＰＨＰ文庫）
▽『台湾を知る　台湾国民中学歴史教科書』国立編訳館・編集／蔡易達、永山英樹・訳（雄山閣）

第５章
▽『新約聖書』

▽『オリバー・ストーン オン プーチン』[DVD]ウラジーミル・プーチン・出演/オリバー・ストーン・出演、監督(ギャガ)

第6章
▽『岸田ビジョン 分断から協調へ』岸田文雄(講談社+α新書)
▽『安倍晋三 回顧録』安倍晋三/橋本五郎・聞き手/尾山宏・聞き手、構成/北村滋・監修(中央公論新社)
▽『国商 最後のフィクサー葛西敬之』森功(講談社)
▽『未来の年表 業界大変化 瀬戸際の日本で起きること』河合雅司(講談社現代新書)
▽『日本はなぜ、「基地」と「原発」を止められないのか』矢部宏治(集英社インターナショナル)

エピローグ
▽『記者と国家 西山太吉の遺言』西山太吉(岩波書店)
▽『沖縄返還とは何だったのか 日米戦後交渉史の中で』我部政明(NHKブックス)

**池上　彰（いけがみ・あきら）**
1950年生まれ。ジャーナリスト、名城大学教授、東京工業大学特命教授、東京大学客員教授、愛知学院大学特任教授。立教大学、信州大学、関西学院大学などでも講義を担当。慶應義塾大学卒業後、73年にNHK入局。94年から11年間、『週刊こどもニュース』のお父さん役として活躍。2005年に独立。いまさら聞けないニュースの基本と本質をズバリ解説。角川新書「知らないと恥をかく世界の大問題」シリーズ、『政界版　悪魔の辞典』、『知らないと恥をかく東アジアの大問題』（山里亮太氏、MBS報道局との共著）、『宗教の現在地　資本主義、暴力、生命、国家』（佐藤優氏との共著）、単行本『池上彰と考える　「死」とは何だろう』、『何のために伝えるのか？　情報の正しい伝え方・受け取り方』、角川文庫『池上彰の「経済学」講義（歴史編・ニュース編）』（いずれもKADOKAWA）など著書多数。

# 知《し》らないと恥《はじ》をかく世界《せかい》の大問題《だいもんだい》14

## 大衝突《だいしょうとつ》の時代《じだい》——加速《かそく》する分断《ぶんだん》

池上《いけがみ》　彰《あきら》

2023年 6月 10日　初版発行

発行者　山下直久
発　行　株式会社KADOKAWA
〒102-8177　東京都千代田区富士見2-13-3
電話　0570-002-301（ナビダイヤル）

装 丁 者　緒方修一（ラーフイン・ワークショップ）
ロゴデザイン　good design company
印 刷 所　株式会社暁印刷
製 本 所　本間製本株式会社

角川新書

ISBN978-4-04-082461-1 C0295